アクティブラーニングと教授学習パラダイムの転換

溝上慎一

東信堂

はじめに

　アクティブラーニングは、大学教育の世界で喫緊の課題となっている。多くの大学で、アクティブラーニングが講演やシンポジウムのテーマとして関心を集め始めたのは、2010年頃からだったと記憶している。おそらく、2008年の中教審の学士課程答申で学士力が提示され、それを通して、知識理解だけでなく、思考力やコミュニケーションなど技能・態度(能力)までもが、大学教育の学習成果として求められるようになったことが関係していたと思われる。アクティブラーニングは、技能・態度(能力)を育てるための教授学習だと考えていって、自然とたどり着いた現場の関心事であった。もちろん、そのことだけがアクティブラーニングの目的でないことは言うまでもない。

　2012年には、中教審の質的転換答申のなかで、アクティブラーニングがはじめて明示化された。用語解説も出た。これは決定的だったように思う。2010年から2012年までは、アクティブラーニングは、取り組みのはやい大学の一足はやい関心事だと見えていたが、質的転換答申が出されて以降は、一気に全国の多くの大学に一般化して広まったように感じられた。文部科学省の「産業界のニーズに対応した教育改善・充実体制整備事業」が2012年から推進されたことも、この流れに一役買ったように思う。大学教育と産業界とをつなぐ正課教育の方法として、アクティブラーニングが注目されたのだ。2012年からこの1年半ほどの間、それまでの2年以上に、矢継ぎ早に講演会やシンポジウム等が実施された。そのいくつかには筆者も招かれて、講演をしたり、議論に参加したりした。多くの大学の事例を学ぼうと、できるだけ

講演は引き受けたし、いろいろな関係者、現場の教員と議論してきた。とても大変だったが、勉強になった。本書はこのような流れのなかで書かれた、大学教育におけるアクティブラーニングの実践的な専門書である。

　本書は、実践的な関心にもとづいた理論的な概説書となっている。本書に具体的な授業のしかたやアクティブラーニングの技法・デザイン、明日からの授業にすぐ役立つことが、そんなに書かれているわけではない。そんな本はごまんとあって——主なものは巻末で紹介する——、それを紹介していくことは本書の目的ではないし、私が採らなければならない役割でもない。実際、これだけアクティブラーニングが普及しつつも、大学教育改革の関係者や現場の教員に依然として混乱を招いているのは、「アクティブラーニングとはそもそも何なのか」という概念定義であり、その定義と教授学習の技法やデザインとの理論的関連である。たとえば、「アクティブラーニングは主体的な学びと同義なのか」「協同学習やPBL（Problem-Based Learning）は、アクティブラーニングなのか」「学生の内発的な興味・関心を引き出そうと、講義をあれこれ工夫しているが、それでアクティブラーニングの授業をやっていると言えるのか」など。政府や中教審から押しつけられるアクティブラーニングという用語と、これまで教育現場や研究の関心から発展してきた専門的な学術用語（協同学習やPBLなど）との関連に、多くの大学教育改革の関係者、現場の教員は頭を悩ませているのである。これらは理論の問題である。だから、アクティブラーニング型授業の実際は、誰が見ても、さほど驚くほどのものではなく、要は、学生に授業外学習をさせたり、グループ学習やディスカッション、プレゼンテーションをさせたりするだけのものである。何ら目新しいものはない。それでなぜこうも、アクティブラーニング、アクティブラーニングと叫ばれるのか、みな、よくわからなくなっている。本書は、こうした疑問に理論的に答えるものである。

　アクティブラーニングの推進の流れはとてもはやく、この1、2年で、アクティブラーニングの講演会やシンポジウムを開催して、考え方を現場に紹

介する段階はとっくに通過してしまったと感じるほどである。理論的な部分は、依然と不明瞭なところがあるだろうが、いまや、アクティブラーニングを導入することはある種当然の状況となっており、最近では、アクティブラーニング型授業の技法やデザインのしかたに関する、教員研修やワークショップがどんどん開催されている。最近、アクティブラーニング型授業の失敗事例や、その要因の特定分析も報告され、アクティブラーニングの推進の勢いにただただ驚くばかりの状況である。本書は、この実践的な動きに、理論的な部分を提供して一刻もはやく補完するべく、出版されるものである。

　本書は、大学教育におけるアクティブラーニングについて書かれたものであるが、最近導入されるようになった高校でのアクティブラーニングにも、十分通ずるものがあると思っている。私は、高校・大学から仕事へのトランジション研究の一環で、この4年、高校に頻繁に関わるようになっている。昨年は大学での講演やシンポジウムはできるだけ断って、ほとんど高校へ出向いたほどである。高校にアクティブラーニングが導入されるようになった流れは、大学とはかなり異なるものだが、アクティブラーニングを通して見ているものにさほどの違いはない。高校の先生方向けには、近々の別の書物として出版したいと思っているので、当面は本書を通して、理論的部分を大きくつかんでもらえれば幸いである。

　最後に、本書は、実践的な関心にもとづきながらも、理論的な概説書を目指したことにより、200本近い関連文献を参照している。本書で取り上げなかった文献まで含めると、ものすごい数の文献を参照した。上記のように、急速に進展するアクティブラーニング推進の状況であるから、もはや中途半端に書かれた理論書は、ごみとなる1冊を増やすだけかとも思い、とくに前半部は意識して専門的に書いた。論者の名前や文献は、高等教育の専門家以外にはどうでもいいものだろうが、これを挙げなくては、理論的に細かく論じられないという事情もあった。高等教育の専門家以外の読者は、理解できる範囲で読まれれば、それでいいと思う。

さまざまな立場の読者がいるだろうと思うので、本書のこのような性格はさておき、基本的には好きなようにお読みいただければ幸いである。理論的な概説書だと言っても、アクティブラーニングは教育実践的な概念であるから、ある種の専門書に見られるような、書いてあることがまったくわからないなどといったことはないはずである。本書を通して、現場のアクティブラーニングへの理解が深まり、教育実践がますます発展していくことを切に願う。

目次：アクティブラーニングと教授学習パラダイムの転換

はじめに　i

第1章　アクティブラーニングとは……………………… 3

第1節　アクティブラーニング研究・実践の隆盛　3
第2節　アクティブラーニングの定義　6
（1）なぜカタカナなのか――能動的学習からアクティブラーニングへ　6
（2）定　義　7
（3）アクティブラーニングとアクティブラーニング型授業　12
　　講義はなくならない／アクティブラーニングとアクティブラーニング型授業の概念的分別
（4）その他のアクティブラーニングの定義　15
　　ボンウェルとエイソンの定義／フィンクの定義／中央教育審議会の定義

第2章　なぜアクティブラーニングか……………………… 25

第1節　教授学習パラダイムの転換　25
（1）教授学習パラダイムの転換か、それとも社会の変化か　25
　　米国におけるアクティブラーニングの背景／直接的なパラダイム転換の原因／日本におけるアクティブラーニングの背景
（2）教えるから学ぶへ　33
（3）競争的な大学では学習パラダイム・アクティブラーニングは必要ないか　35
第2節　社会の変化に対応して　41
（1）アクティブラーニングに内在する二つの構図　41
　　二つの構図・移行／ポジショニング概念で理解する／学生の学びと成長として／現代社会の変化
（2）トランジションの観点からの学校教育のリデザイン　46
（3）アクティブラーニングに直結する技能・態度（能力）　49
　　知識を介した技能・態度（能力）／検索型の知識基盤社会

(4) 検索型の知識基盤社会の到来　54
　　(5) 求められる情報・知識リテラシー　58
　　　情報の知識化／知識の活用／知識の共有化・社会化／知識の組織化・マネジメント

第3章　さまざまなアクティブラーニング型授業 ……… 67

　第1節　アクティブラーニング型授業の技法と戦略　67
　　(1) 技法と戦略の概念的区別　67
　　(2) 三つのタイプのアクティブラーニング型授業　70
　第2節　アクティブラーニング型授業の実際　73
　　(1) ピアインストラクション　73
　　(2) ピアインストラクションの戦略性　76
　　(3) 情報・知識リテラシーの観点から見たピアインストラクションの特徴　78
　　(4) その他の戦略的アクティブラーニング型授業　82
　　　LTD話し合い学習法／ PBL (Problem-Based Learning)
　第3節　近接概念の相違　88
　　(1) アクティブラーニングと協同学習・協調学習　88
　　　協同学習の提唱と普及／構造的アプローチとして見る協同学習／プロセス（協同学習）かプロダクト（協調学習）か
　　(2) アクティブラーニングと主体的な学び　98

第4章　アクティブラーニング型授業の質を高めるための工夫 ……………………………… 103

　第1節　学習内容の深い理解を目指す――ディープ・アクティブラーニング　104
　　(1) 学習の形態を問いつつ内容を問う　104
　　(2) 学習への深いアプローチ　106
　　(3) どのようにして学習への深い・浅いアプローチを見定めるのか
　　　――コンセプトマップというアセスメントツール　110
　　(4) コースデザインの観点――筆者のコンセプトマップの使用例を通して　114

第2節　授業外学習時間をチェックする　117
第3節　逆向き設計とアセスメント　120
第4節　カリキュラム・コースシステムとして発展させるアクティブラーニング型授業　125
　(1) 他のコースとの関連、学年配置を考える――カリキュラム・ディベロップメント　125
　　アクティブラーニングのカリキュラム化／河合塾のアクティブラーニング調査
　(2) 授業を週複数回にする　130
第5節　アクティブラーニングのための学習環境の整備　134
第6節　反転授業をおこなう　140

第5章　揺れる教授学習観――筆者のリプライ …………… 145
　(1) アクティブラーニングは座学ができない学生のためのものだ　145
　(2) 知識の定着率を上げるのがアクティブラーニングだ――ラーニングピラミッドの功罪　147
　(3) アクティブラーニングに正解はない　153
　(4) プロジェクト学習だけやっておけば十分。それで社会で通用する　154
　(5) 3・4年生の専門ゼミ・卒業研究でアクティブラーニング型授業はしっかりやっているので、1・2年生でアクティブラーニング型授業は要らない　156
　(6) 技能・態度（能力）はクラブやアルバイトで鍛えればいい。アクティブラーニングで育てる必要はない　160

さらに学びたい人のために　165
引用文献　169
あとがき　183
事項索引　192
人名・機関名索引　195

アクティブラーニングと教授学習パラダイムの転換

第1章　アクティブラーニングとは

第1節　アクティブラーニング研究・実践の隆盛

　アクティブラーニングの研究や実践が近年盛んになってきている。まず、この傾向をThomson Reuters社のWeb of Scienceと、国立情報学研究所のCiNii Articlesで用語検索した結果から見てみよう(**図1-1**を参照)。Web of Scienceは、全分野の主要な学術雑誌、刊行物12,000誌以上を収録した世界規模の厳選されたデータベースであり、CiNii Articlesは、日本国内の学協会学術雑誌・大学紀要などを収録した学術論文データベースである。検索のしかたは、図1-1のキャプションを見て欲しい。

　海外の文献(Web of Science)では、active learningと連語表記されるものも多いが、active deep learningとかactive and collaborative learningのように連語表記を採らないものも多いので、図1-1では"(1) active learning"(連語)の結果と"(2) active learning (連語を含む)"の結果の両方を示している。その結果を見ると、"(2) active learning (連語を含む)"のほうが、ヒット数が多いのは当然の結果であるが、"(1) active learning (連語)"のヒット数もかなり多く、また1950年代からの傾向も似たものとなっており、全体として、連語であろうとなかろうと、アクティブラーニングの研究や実践は1970〜80年代より少しずつ増え始め、1990年代以降急増していることがわかる。アクティブラーニングに関連する論文が、高等教育でのものかどうかを併せて検討するために、注で示す条件定義を加えて検討した((3) (4)を参照)。「タイトル」フィールドに限定して検索をおこなったので、ヒット数はかなり少なくなっ

てしまったが、(3)で1980年代までは0件、1990年代14件、2000年代で42件、(4)で1970年代まで0件、1980年代で2件、1990年代で16件、2000年代で55件と、1990年代以降の急激な増加までは認められないまでも、近年の増加傾向はおおむね確認することができる。

　同様に、日本の文献(CiNii Articles)検索の結果を見ると、まず、「アクティブラーニング」とカタカナで表記される論文が目立ってくるのは近年のことであることがよくわかる(図1-1の(6)(8)を参照)。(6)の"アクティブラーニング"は、1980年代まで0件で、1990年代で4件、2000年代で80件となっており、高等教育の条件を加えた(8)では、同じく1980年代まで0件、1990年代で2件、2000年代で21件となっている。ちなみに、年代の条件を入れずに検索すると(〜2013年まで)、「アクティブラーニング」のヒット数は97件である。一つ一つを見ると、ほとんどは高等教育でのものであり、それ以外に高校でのものがちらほら見られるといった状況である。「アクティブラーニング」は、主に高等教育で2000年代に入ってから盛んに用いられ始めている用語のようである。

　active learningは、「能動的学習」あるいは「積極的学習」「主体的学習」と訳されることが多いので、両用語を仮にアクティブラーニングと同種のものと見なして検索をおこなうと((5)を参照)、1960〜80年代より少しずつ増え始め(1950年代で0件、1960年代で15件、1970年代で28件、1980年代で27件)、1990年代以降急速にヒット数の増加する傾向が認められる(1990年代で121件、2000年代で359件)。なお、learningは、「学習」ではなく「学び」と訳されることもあるので、検索では、どちらの用語でもヒットするように条件設定をおこなった。

　これに高等教育の条件を加えると((7)を参照)、1960年代まで0件、1970年代で1件、1980年代で4件、1990年代で1件、2000年代で29件であった。「アクティブラーニング」の結果と比べると、ヒット数はさほど変わらないが、全体のヒット数が、1990年代で121件、2000年代で359件であるから、「タイトル」フィールドで「高等教育」の条件に合致せずヒットしない論文があることを考慮しても、「能動的／積極的／主体的学習」を含む論文の多くは初

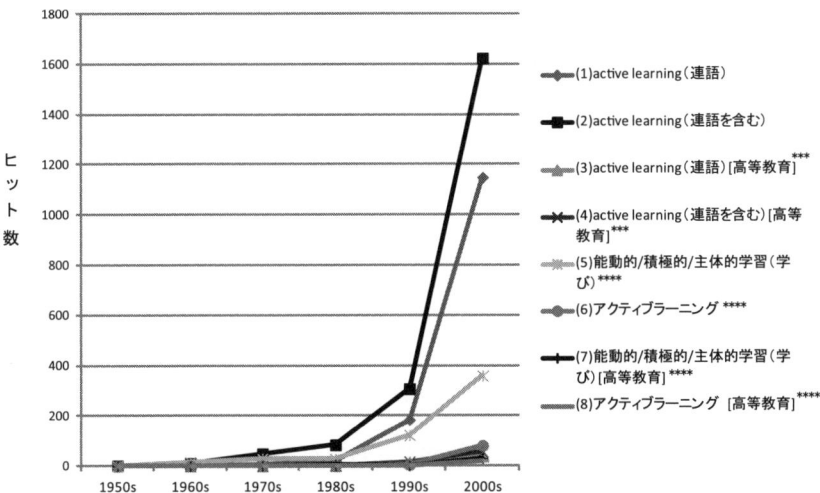

**図1-1　Web of ScienceとCiNii Articlesで見る
アクティブラーニングに関する論文数の推移**

（1950-2012年）

* Web of Scienceでの検索はすべて「タイトル」フィールドで、CiNii Articlesもすべて「タイトル」フィールドでおこなった。
** 年代は、1950s（1950-1959年）、1960s（1960-1969年）、1970s（1970-1979年）、1980s（1980-1989年）、1990s（1990-1999年）、2000s（2000-2012年）を指す。
*** Web of Scienceでは、(1) "active learning"（連語）、(2) active learning（連語を含む）の2種類の条件定義で検索をおこなった。また、それぞれの [高等教育] 分野におけるヒット数も、"higher education"OR university OR college OR undergraduateの条件定義を加えて、(3) (4) に示した。
**** CiNii Articlesでは、(5) 能動的学習 OR 能動的な学習 OR 能動的な学び OR 能動的学び OR 積極的学習 OR 積極的学び OR 積極的な学習 OR 積極的な学び OR 主体的学習 OR 主体的な学習 OR 主体的な学び OR 主体的学び、(6) アクティブラーニング OR アクティブ・ラーニング OR アクティヴラーニング OR アクティヴ・ラーニングの条件定義で検索をおこなった。Web of Scienceの場合と同様に、ここでも [高等教育] 分野におけるヒット数を、高等教育 OR 大学 OR 短大 OR 短期大学 OR 学士課程の条件定義を加えて、(7) (8) に示した。

等・中等教育のものであろうと推測される。経験から考えても、教育の実践研究がまだまだ成熟していない近年の高等教育において、このテーマの論文数が100も200もあるとは思えない。

　以上より、「アクティブラーニング」は、主として高等教育で2000年代に入ってから使用されている用語であり、「能動的／積極的／主体的学習」は、1970〜80年代から徐々に、そして1990年代以降本格的に、初等・中等教育を主としながらも高等教育まで含めて、幅広く使用されている用語だとまとめられる。

言うまでもないことだが、以下で示す「アクティブラーニング (active learning)」の定義と、Web of Science、CiNii Articlesにおける検索でヒットしたactive learningや能動的／積極的／主体的学習の定義とは、必ずしも一致するものではない。上記の結果は、アクティブラーニングと見なせるキーワード (active learning／能動的学習／積極的学習／主体的学習／アクティブラーニング等) による検索の結果から、アクティブラーニングに関する論文数の傾向を、大ざっぱに見たに過ぎないものである。留意してほしい。

第2節　アクティブラーニングの定義

(1) なぜカタカナなのか──能動的学習からアクティブラーニングへ

　本節では、アクティブラーニングの定義をおこなうが、先に、active learningの訳を、なぜこれまで多く使用されてきた「能動的学習」や「積極的学習」「主体的学習」(以下、これらをまとめて「能動的学習」と一本化する) ではなく、カタカナの「アクティブラーニング」とするのかについて考えを述べておきたい。

　英語のactive learningを訳すならば、その日本語訳は「能動的学習」でもいいと筆者は考えている。このことをまず明記しておく。

　その上で、今日本でこのテーマにもとづいて研究・実践をしていく際には、カタカナの「アクティブラーニング」を当てたいと考えている。というのも、新奇性を打ち出したいからである。これまで多く使われてきた、馴染みのある能動的学習を用いて再定義、意義を主唱するには、示すべき新しいことがあまりにも多すぎる。むしろ、それなら「アクティブラーニング」とカタカナで表記して刷新し、新しい概念として、その定義、意義を主唱するとしたい。

　もう一つ、本質的なことではないが、本書では「アクティブ・ラーニング」ではなく「アクティブラーニング」と表現していく。単語の区切りに「・」(中黒) を入れるのは、外国語を日本語に訳すときの日本人の一般的慣習であるが、active learningはひとまとまりの連語と見なせるものなので、少しでも

簡潔に表現したい意図から、本書では「アクティブラーニング」と表記していく。もちろん、「アクティブ・ラーニング」だから間違えているというわけではない。好みの問題である。

(2) 定 義

アクティブラーニングは包括的な用語である。使い勝手のよさから、多くの研究者が、さほど細かな定義を気にすることなく、都合よく使用してきた用語だとも言える。定義されたものを見比べると、なかには共通するものもあるが、共通しない、ある研究者固有の見方にもとづくものもある。このような事情から、さまざまな事情をあまねく考慮して、どの専門分野の専門家・実践家にも納得してもらえるような定義をすることは不可能である (Meyers & Jones, 1993; Prince, 2004; 須長, 2010)。

そのことを前提として、本書では、アクティブラーニング (active learning) を、

> 一方向的な知識伝達型講義を聴くという (受動的) 学習を乗り越える意味での、あらゆる能動的な学習のこと。能動的な学習には、書く・話す・発表するなどの活動への関与と、そこで生じる認知プロセスの外化を伴う。

と定義する。

アクティブラーニングの定義をはやくからおこなったことでよく知られるボンウェルとエイソン (Bonwell & Eison, 1991) は、著作 "Active Learning" の冒頭において、「能動的 (active)」を同定することの難しさについて述べている (ほか三浦, 2010; 須長, 2010)。ボンウェルらが挙げる、次のような伝統的な保守派教員からのアクティブラーニングに対する批判的コメントは、この用語を理解する上で重要なものである。

(A) そもそも、受動的な学習なんてあるのか
(B) しっかり講義を聴くことも能動的な学習ではないか

ここでは、この二つの批判的コメントに応答するかたちで、本書での定義の含意を述べていく。

まず、(A)の批判的コメントについて。メイヤーズとジョーンズ(Meyers & Jones, 1993)のアクティブラーニングのとらえ方——「学習はそれ自体が能動的なプロセスなのだ」(p.20)と積極的に仮定した上で、それを実現させるための戦略としてアクティブラーニングがあると考える立場——でないとすれば、この批判的コメントは、学習を「行為(action)」それ自体と見なすものである。つまり、act(行為する)の名詞はaction、形容詞はactiveなので、学習が行為(action)であると見なせる限りにおいて、学習は常にactiveなものであろう、と考えてのものである。行為しない状態にポジショニングして、そこから「行為する」という静から動への動きが生じる、その瞬間の動きをイメージしてもいい。この意味において、受動的(passive)な学習なるものは論理矛盾であって、存在しないという批判である(ほかDewing, 2010も参照)。

ところが、これでは行為それ自体の性質については示していても、どのように学習しているのかという行為の相対的な特徴については、何ら述べていないことになる。人は、ある行為の特徴を、ある基準から見て相対的に形容したいという動機を持っている。その特徴を形容する言葉の一つが、「能動的／受動的」である。だから、active learning、passive learningと言っているときの「能動的／受動的」は、行為それ自体の性質を指す言葉ではなく、ある基準から見たときの行為の相対的な特徴、「より能動的な」「より受動的な」を指す言葉として理解されなければならない。「美しい」という形容表現が絶対的に存在するのではなく、基準によっては、同じ対象が美しくとらえられたり醜くとらえられたりする(たとえば、文化や民族によって、美意識が異なることを想像してみるとよい)、そういうものとして理解されなければならない。したがって、学習を「能動的」「受動的」と形容するためには、相対的な位置を得るための基準が必要である。

筆者は、その基準を、定義の前半部で「一方向的な知識伝達型講義を聴くという学習」(＝受動的学習)として示した(cf. Biggs & Tang, 2011; Meyers & Jones, 1993; Prince, 2004)。先の行為の性質から考えると、「聴く」は行為の一

つであるから、「聴く」自体の性質は能動的なものである。しかし、筆者は「聴く」を操作的に「受動的学習」だと定義したのである。これは、学習の相対的な特徴を形容するための基準化の作業である。この作業を通してようやく、ある学習が、その受動的学習という基準から見て、受動的か、能動的かと形容していくことができるのである。そして、基準から見て、少しでも能動的な特徴を示すものであれば、それがアクティブラーニングだと言えることになる。

　それでは、「一方向的な知識伝達型講義を聴くという学習」を受動的学習だと見なした根拠は何だろうか。ここは筆者が意図的に操作した部分であるから、その操作の意図が理解されなければ、基準を設定して相対的な位置を得るという筋は通っても、この操作自体がナンセンスなものとなる。

　筆者のこれへの回答は、「教えるから学ぶへ (from teaching to learning)」のパラダイム転換である (Barr & Tagg, 1995; Tagg, 2003)。つまり、アクティブラーニングは、それまでの一方向的な知識伝達型講義（教授パラダイム）での聴くという学習を受動的学習と見なし、そうではないという意味での能動的な特徴をもって、学習パラダイムを支える学習として提唱されている。

　しかし、「一方向的な知識伝達型講義を聴くという（受動的）学習を乗り越える」だけでは、まだ何が能動的な学習なのかを示していることにはならない。そこで定義の後半部では、「書く・話す・発表するなどの活動への関与と、そこで生じる認知プロセスの外化を伴う」ものが、能動的な学習と見なす観点であることを示している。書く・話す・発表するなどは、一方向的な知識伝達型授業の「聴く」を乗り越えるために示されている代表的な活動例であり、ここに教授パラダイムから学習パラダイムへの転換の含意が、活動レヴェルで示されている。そして、書く・話す・発表するなどの活動を学習に採り入れ、それに関与するということは、学生にとって、ただ聴くだけのときにはあまり働かせていなかったさまざまな認知機能を働かせ、そのプロセスを外化することを意味する。

　ちなみに、書く・話す・発表する等の活動を求めることは、同時に、認知プロセスの外化を求めることでもあり、定義のなかで重ねて説明をする必要

はないとも言える。しかし、活動させればそれで良しというような、認知機能が知識と絡み合ってどのように働いているかまで目が向かないアクティブラーニングの実践が、実際には少なからずあるし（第5章(1)を参照）、アクティブラーニングには、第2章第2節で述べる社会の変化への対応として、認知機能の育成、すなわち技能・態度(能力)の育成という課題も込められている。これらのことをふまえて、定義では二重表現を採って、活動への関与と、活動に関連する認知プロセスの外化、その十分な協奏を強調している。

　なお、「認知プロセス」とは、認知心理学の枠組みを参考にして、知覚・記憶・言語・思考(論理的／批判的／創造的思考、推論、判断、意思決定、問題解決など)といった心的表象としての情報処理プロセスを指す (cf. 楠見, 2010)。このような情報処理プロセスが、学習においては頭のなかで起こっていると考える。

　したがって、先の話と繋げて、受動的学習という基準から見て能動的な特徴を示す学習とは何かと答えると、それは、一方向的な知識伝達型授業を「聴く」という学習を乗り越えて、書く・話す・発表するなどの活動への関与と、そこで生じる認知プロセスの外化を伴う学習のことである、となる。少しでもこの特徴を持っていれば、それはアクティブラーニングだと呼べることになる。そして、こうして、チッカリングとギャムソンがたとえる次のような話の意味が通ってくる。

> 「学習とは、観客席に座ってスポーツを見るようなものではない。学生は、授業中ただ座って教員の話を聴き、あらかじめパッケージ化された宿題をやって暗記し、質問に答えるだけでは、多くのことを学ばない。学生は、学んでいることについて話をし、書き、過去の経験と関連づけ、そして日常に応用しなければならない。さらには、そうしたことを通して、自分自身を学ぶというようにならなければならない。」
>
> 　　　　　　　　　　　　　　　(Chickering & Gamson, 1987, p.5)

　さて、定義には、「一方向的な知識伝達型講義を聴くという(受動的)学習

を乗り越える意味での、あ̇ら̇ゆ̇る̇能動的な学習のこと」と、「あらゆる」をつけており、アクティブラーニングを最広義で定義していることがわかる。これには含意があるので、ここで説明をしておく。

この「あらゆる」には、第一に、教授パラダイムから学習パラダイムへの転換を、少しでも多くの教員に促すべく、「書く・話す・発表するなどの活動への関与と、そこで生じる認知プロセスの外化を伴う」学習を少しでも採り入れていれば、それをアクティブラーニングだと見なしていこう、という含意がある。はじめから高尚なアクティブラーニングを求めると、保守派教員にはハードルが高くて尻込みをしてしまう。それは、全体的に見て決してプラスにはならない。だから、そういう保守派教員に対して、たとえば「授業の最後に5分設けて、学生にコメントシートを配って授業の感想を書かせましょう」と求めるのである。他にも、「授業中に1問理解を問うクイズを入れましょう」のようなものでよい。学生が、ただ講義を聴くという状態を少しでも脱却するものなら、何だってよいと考えるのである。

もちろん、須長(2010)が、アクティブラーニングへの関与には、「深さ」と「広さ」があると述べるように、またボンウェルとスザーランド(Bonwell & Sutherland, 1996)が「アクティブラーニングの連続体(active learning continuum)」（簡単な課題から複雑な課題へ）と述べるように、このようなアクティブラーニングの初発の一手は、浅くもあり狭いもの、あるいは簡単な課題であるに違いない(ほかにもSchrand, 2008)。それで十分だと言っているわけではない。しかし、コメントシートやクイズのようなものでも、いったん授業デザインに組み込みやってみると、もう少し何か入れてみようかとか、授業の感想だけでなくて質問も最低1個は書かせるようにしてみようかとか、教員はアクティブラーニングの技法を欲張って発展させていくものである。その意味では、初発の一手が決まれば、教授パラダイムから学習パラダイムへの転換は、いくぶん進んでいくと見てよいと筆者は考えている。しかし、この一手が決まらず、組織全体でなかなか教授パラダイムから学習パラダイムへの転換が進まないということは、往々にして起こっている。やってみれば、笑ってしまうほど簡単な一手であっても、その一手になかなか着手でき

ないのが人である。「あらゆる」という最広義の定義は、教授パラダイムから学習パラダイムへの転換の組織的推進を含意してのことである。

　言うまでもないが、須長の言う深く、広い関与、ボンウェルらの言う複雑な課題といった、より充実したアクティブラーニングを創り出していくには、個人の努力だけでは限界があり、どこかで組織的な研修や支援を必要とするだろう。ここでは、今日、多くの大学・教員にとってまず初発の一手を決めることが重要であり、この初発の段階を強調するような定義としている意図を述べるにとどめる。

　次に、(B)の批判的コメントについてであるが、以上の理解にもとづけば、それが少なくとも本書で扱うアクティブラーニングを指すものでないことは明らかであろう。「しっかり講義を聴く」であろうと「ぼうっと聴く」であろうと、ともに「聴く」を問題とする以上、教授パラダイムにおいての学習を指すものである。ひいては、受動的学習と見なされるものである。アクティブラーニングのactiveの意味を、基準なしで、それ自体だけで理解しようとすると、こういうことが往々にして起こってしまう。アクティブラーニングは、アクティブなラーニングのことではなく、操作的に定義された用語なのである。ボンウェルらは、アクティブラーニングの直観的理解だと揶揄している(ほかにもDewing, 2010)。

(3) アクティブラーニングとアクティブラーニング型授業
講義はなくならない

　前項(2)では、「しっかり講義を聴く」が、教授パラダイムにもとづく学習であるからダメだ、みたいな説明をしたかに見えるが、もちろんそういうことではないので、誤解のないように考えを補足しておきたい。

　アクティブラーニングが積極的に推進される場合でも、授業のなかから講義パートが蔑ろにされることは、考えられないことである(Panitz, 1999; Robinson, 2000)。学習目標によっては、講義パートが時間的により長い割合を占める授業だってあっていい。そして、その講義パートにおいて、学生には、単に教員の話をぼうっと聴くのではなく、これまでの知識や経験と摺り

合わせて、新しい知識を位置づけたり、思考したり、感動したり、疑問を憶えたりする、そのように聴く姿を求めたい。筆者がここで補足したいのは、アクティブラーニングは、あるいは学習パラダイムは、学生の「聴く」なかで起こるそのような学習態度を否定しているわけではないということである。むしろ、これからも大いに推奨されるべきものである。個人的なことを言えば、筆者が、アクティブラーニングを採り入れた授業のなかで講義をおこなうときには、学生がそのような学習態度に導かれるような努力は最大限している。明示的に、そのような期待を説明してもいる。授業者として外せないポイントである。

　しかし、たとえ推奨されるようなすばらしい「聴く」学習が実現している場合でも、それだけで今日私たちがアクティブラーニングを通して求める学習成果を得られるわけではない。詳しくは第2章第2節で述べるが、たとえば、ある学習内容についての自分の理解や考えを、書く・話す・発表するなどの活動を通して外化すること、あるいは、さまざまな他者の考えをふまえて理解することなどは、いかなる「聴く」学習によっても、その学習に活動や認知プロセスの外化が伴わない以上、不可能である。「聴く」を通して、頭のなかで思考が豊かに繰り広げられても、いざその思考や学習内容の理解を隣の学生に自分の言葉で伝える、議論する、みんなの前で発表するとなると、言葉が出てこない、うまく説明できない、ということが往々にして起こる。ここが問題である。アクティブラーニングは、知識習得以上の、活動や認知プロセスの外化を伴う学習を目指すし、そのような学習を通して身につける技能や態度(能力)が社会に出てから有用であるという考え方にもとづいて推進されている。この考え方にもとづけば、どんなにすばらしい「聴く」学習であっても、そこで得られる学習成果は不十分なものだとなるのである。そして、どんなに知識習得となる講義中心の授業であっても、「あらゆる」を加えた最広義のアクティブラーニングの定義にもとづいて(前項(2)を参照)、少しでもアクティブラーニングを導入した授業にすべきだと考えられるのである。

アクティブラーニングとアクティブラーニング型授業の概念的分別

　アクティブラーニングが推奨されると、このように、保守派教員の「聴く」観を否定するような事態にすぐ至ってしまうが、このような状況を何とか回避できないものか。筆者自身、講演の際に、この手の批判的コメントを何度も受けてきた。

　この問題を回避するために、「アクティブラーニング」と「アクティブラーニング型授業」とを、概念的に分別することを提案する。この分別が概念的になされていないから、要らぬ批判を呼び起こしてしまうのである。

　アクティブラーニングは、厳密に言えば、学生の学習 (learning) の一形態を表す概念であって、教員の教授 (teaching) や授業・コースデザイン (instructional／course design) まで包括的に表す教授学習 (teaching and learning) の概念ではない。したがって、アクティブラーニングは、たとえば「90分授業のなかで、45分講義をおこない、残りの45分アクティブラーニングを採り入れた授業をおこなう」などのように使用されるべきものである。筆者は、アクティブラーニングを採り入れた授業である場合、それを教授学習の概念として「アクティブラーニング型授業 (active-learning-based instruction)」と呼び、学習概念としてのアクティブラーニングとは区別することにしている。

　この区別ができれば、講義は、アクティブラーニング型授業の構成要素の一つとして、問題なく位置づけられる。保守派教員の「聴く」観にもデフェンスできる。先にも述べたように、アクティブラーニングがどんなに盛んに推奨されようとも、これからの大学の授業で講義がまったくなくなることなど、考えられないことである。しかし、それでアクティブラーニングが要らないという話ではないし、はたまた、講義かアクティブラーニングかと二項対立的に是非を問うものでもない。アクティブラーニング型授業は、このような対立を解消する教授学習の概念なのである。

　ただ、実際には、アクティブラーニングを教授学習概念として使用してしまっている例、そう受け取られてもしかたのない物言いは、多数見られる。たとえば、「私はアクティブラーニングをやっています！」などはその代表例であるし、他の学習概念であるPBL (問題解決学習：Problem-Based Learning)

などもそうである(「うちの大学ではPBLをやっています」など)。厳密に考えれば、いずれも意味は通らないが、厳密に理解したいときには、「私はアクティブラーニング(型授業)をやっています！」「うちの大学ではPBLを採り入れた授業をやっています」と言葉を補足して理解すればいいだろう。細かな、しかし本来必要な言葉を省略して、文意だけが通るような会話は、私たちの日常ではよくなされている。それと同じように考えればいいのではないか。

(4) その他のアクティブラーニングの定義

それでは、前項(2)で示したアクティブラーニングの定義にもとづいて、他の代表的なアクティブラーニングの定義を検討してみよう。ここでは、先から紹介しているボンウェルらの定義、フィンクの定義、日本での中央教育審議会の定義を取り上げる。

ボンウェルとエイソンの定義

ボンウェルとエイソン(Bonwell & Eison, 1991)は、それまで一般的によく述べられてきたアクティブラーニングの特徴を、次の5点にまとめている。

- 学生は聴く以上のことをおこなう
- 情報の伝達よりも学生の技能の発展のほうに力点が置かれる
- 学生は高次の思考(分析や統合・評価など)を働かせる
- 学生は活動(読む・議論する・書くなど)に従事する
- 学生自身の態度や価値の探求がより強調される

その上で、アクティブラーニングを「活動およびその活動についての思考に学生を巻き込む」(p.2)ことと定義している。定義における活動や思考がそれぞれ何を指すかは、特徴のところからそれぞれ、活動(読む・議論する・書くなど)、思考(分析や統合・評価など)と理解される。

ボンウェルらの定義と特徴から、4つのポイントを見て取れる。第一に、聴く以上の学習をアクティブラーニングの特徴とすること、第二に、聴く以上の活動として、読む・議論する・書くなどがあること、第三に、高次の思考を働かせること、第四に、学生の態度や価値に関わる成長が目指されることである。第一の点は、筆者の、一方向的な知識伝達型講義を聴くという

(受動的)学習ではなく、能動的に、という定義の前半部に相当する。第二の点は、筆者の、書く・話す・発表するなどの活動への関与、という定義の後半部に相当する。第三の点は、筆者の、認知プロセス、という定義の後半部に相当する。第四の点は、筆者は定義では示していないが、第2章第2節(1)で詳しく述べる。

さて、ボンウェルらのアクティブラーニングに関する定義・特徴と筆者のそれとを照らし合わせると、二点の相違点のあることがわかる。

第一に、ボンウェルらの「高次の思考」(分析や統合・評価など)を、筆者は「認知プロセス」と大きく表現していることである。筆者は、これまでボンウェルらの「高次の思考」を見て、アクティブラーニングの定義や特徴としては射程が狭すぎるのではないかと感じてきた。認知心理学では、思考は、論理的／批判的／創造的思考、推論、判断、意思決定、問題解決などと考えられるもので(cf. 楠見, 2010)、それをふまえれば、ボンウェルらが挙げる分析や統合、評価というのは、思考のなかの一部であることがわかる。しかも、アクティブラーニングの活動(書く・話す・発表するなど)では、ボンウェルらの言う高次の思考に至るまでの素朴な印象や考え、既有の関連知識まで含めて、またそれが言葉になる、ならないといったところまで含めて、より広範な認知プロセスが関与する。さらには、記憶についても、記銘や保持(要は、暗記して、頭のなかに蓄積すること)といった静的な機能だけで、記憶が理解されることが多いが、認知心理学の研究からは、ワーキングメモリ(作動記憶[working memory])のような、かなりダイナミックな記憶機能も提示されていて、それがアクティブラーニングに大いに関与する。ワーキングメモリとは、計算や文章読解など、さまざまな認知課題の遂行中に、一時的に必要となる情報を保持する記憶機能のことである(斉藤, 2002)。たとえば、人は書いたり話をしたりするときに、主語に対応した適切な述語で文章を終えるとか、脱線しないで、元の論や話に戻すといったことを求められる。そのときに人は、主語をどのようなもので話を始めたか、元々いったい何の話をしていたかを記憶にとどめながら、書いたり話をしたりしなければならない。ワーキングメモリは、ここで機能していると考えられる。このようなことを考えれ

ば、書く・話す・発表するといったアクティブラーニングの活動では、かなりの場面で使用している記憶機能であるが、これらの認知プロセスに、思考だけでなく、知覚や記憶、言語も関与することは明々白々である。このようなことから、筆者はボンウェルらの「高次の思考」ではなく「思考」と、そして「思考」よりももっと射程を大きく取って、「認知プロセス」(知覚・記憶・言語・思考[論理的/批判的/創造的思考、推論、判断、意思決定、問題解決など])としたほうがいいと考えるのである。

第二に、筆者の定義には、ボンウェルらの定義に存在しない、(認知プロセスの)「外化(externalization)」という言葉が加えられている。これについては前項(2)で、認知プロセスを外化させ、アクティブラーニングの書く・話す・発表するなどの活動と十分に協奏させることが、良いアクティブラーニングを作っていくことになると述べたので、ここではこの点を確認するにとどめる。

フィンクの定義

フィンク(Fink, 2003)は、学生の学習に関する高い関与(engagement)と高いエネルギーを特徴とする「意義ある学習経験(significant learning experience)」の理論を提示していることで知られる。彼は、意義ある学習経験を創出するために、どのようにコースデザインすればよいかを、シラバスの書き方、学習目標から授業の構成、教授戦略、成績評価システムに至るまで総合的に論じており、このなかで、やはりアクティブラーニングが必要だとしている。

フィンクは、**図1-2**のように、アクティブラーニングを、講義を聴いたり

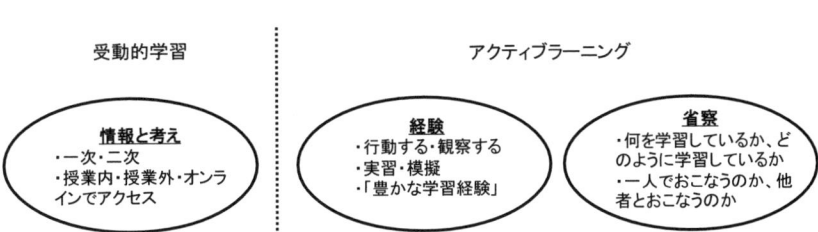

図1-2　フィンクのアクティブラーニングの図式

(注) Fink (2003)、Figure 4.1 (p.104) を翻訳

本を読んだりする受動的学習との対比において位置づけている。この点は、ボンウェルらと同様である。しかし、ボンウェルらが、アクティブラーニングを「活動およびその活動についての思考に学生を巻き込む」とした、その活動を「経験 (experiences)」と置き換え、思考を「省察 (reflecting)」と置き換え、それぞれが具体的に指すものや課題を次のようにまとめている。

(A) 経験
- 行動する
- 観察する

(b) 省察
- 何を学習しているか、どのように学習しているか
- 一人でおこなうのか、他者とおこなうのか

「行動する」については、書く・読む・議論するに加えて、フィールドワークや調査・実験など、学生が学習内容を理解する上で必要な行動が広く紹介されているが、概念的には、ボンウェルらの「活動」に近いものだと理解してよい。

むしろ、フィンクの独自性は、それに「観察する」を加えたことにあるだろう。彼は、音楽を専門としない学生に「アメリカ先住民の音楽」について教える授業を紹介している。その授業では、音楽を聴かせたりビデオクリップを見せたりすることを通して、先住民の音楽を教えるのではなく、学生を週末に旅行に連れて行き、先住民の本物の祈祷儀式を直接観察させることで、彼らの音楽を教えるのであった。このような一次資料に触れる直接的な観察は、学生のなかで学習内容と現実とをリアルに繋がせ、また、学習している内容の個人的・社会的価値に気づかせることを可能にするだろう。「観察する」は、もちろん、映画や文学、オンライン上にある間接的な資料からでも可能であるが、やはり一次資料に勝るものではないだろう。

個人的には、「行動する」と「観察する」の関係だけを見ると、なぜ「観察する」を「行動する」と分けるのか、「行動する」の一つとして位置づけていいのではないかと思ってしまう。しかしながら、フィンクは、アクティブラーニ

ングを「意義ある学習経験」の理論のなかに位置づけて考えているので、受動的学習を脱して能動的であること以上の意義を「経験」として示そうとする。だから、ボンウェルらの「活動」を「経験」と置き換えるのである。そして、その経験を、単に学習内容をより理解するというにとどまらず、学習内容について感じたり、考えたり、これまで持っていた知識と結びつけたり、応用したり、個人的・社会的意味を追究したりするようなものまで含めて理解しようとする。そのような豊かな経験をいかにさせるか、その意味での「意義ある学習経験」をいかに創出するかを考えて、「観察する」を敢えて独立させて強調しているのではないか。筆者は、そのように考えるのである。

フィンクは、意義ある学習経験の要素を、
- 基礎的知識 (鍵となる概念、用語、関係などについての理解と記憶)
- 応用 (学習内容を利用・適用する方法について知る)
- 統合 (主題を他の主題と関連づけることができる)
- 人間の次元 (主題を学習することで、個人的・社会的示唆を得る)
- 関心を向ける (主題に関して関心を持つ。そして、さらに学ぼうとする)
- 学び方を学ぶ (授業が終わった後も、主題について学び続ける方法を知る)

とまとめる (Fink, 2010 も参照)。これらは、学習の意義が、単なる知識の習得を超えて、広く技能・態度 (能力) の開発、学習者としての人格的・人間的成長にまで及んでいることを示唆している。まさに、学習パラダイムに徹底的に立った学習論だと言える。

フィンクの意義ある学習経験論のなかで特筆すべきは、彼が、アクティブラーニングを受動的学習との対比で位置づけて定義しながらも (図1-2を参照)、最終的には、受動的学習としての「情報と考え」をアクティブラーニングの一要素として取り込んで、ホリスティックなアクティブラーニングの見方を提示していることである (**図1-3を参照**)。この含意はフィンクの著書では十分に説明されていないが、それは、彼にとってアクティブラーニングが、意義ある学習経験を創出するための具体的な教授学習概念として使用されているからだと考えられる。つまり、彼は図1-3のようにアクティブラーニン

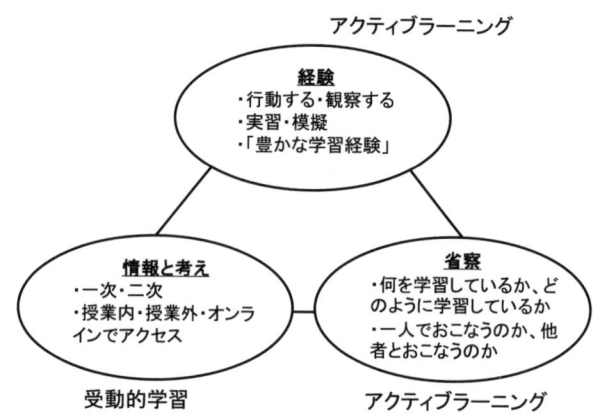

図1-3 フィンクのアクティブラーニングのホリスティックな見方
(注) Fink (2003)、Figure 4.2 (p.107) を翻訳

グをまとめることで、最終的には、アクティブラーニング型授業のデザインを論じているのである。

　筆者の定義と照らし合わせると、アクティブラーニングを受動的学習との対比において定義するという基本的構図(図1-2を参照)は同様であるが、能動的な学習と見なすものはかなり異なっている。筆者の考えでは、フィンクの「観察する」は「行動する」のなかに含めてよいし、ひいては、筆者の「活動」(書く・話す・発表するなど)の一つと見なしてよい。「省察」は、筆者の「活動」と「認知プロセス」の双方をまたぐものと考えられるが、そうでなくとも、少なくとも「活動」と「認知プロセス」を能動的な学習と見なせば、それに含まれるものと十分考えていける。筆者の理解ではフィンクのアクティブラーニングは、アクティブラーニングの原義をはるかに超えて、意義ある学習経験論を具現化するコースデザイン論として、定義がなされている。もう少し、受動的学習を乗り越える、という文脈が消えてしまわない程度にとどめた定義としたほうがよかったのではないか。

　もっとも、筆者がアクティブラーニングを通して目指す学習論の方向性や意義は、フィンクの意義ある学習経験論と、そんなに違いはない。ここでは、アクティブラーニングそれ自体の定義について検討しているので、フィンク

のアクティブラーニング論は原義を超えすぎているのではないかというコメントになる。両者の差異をうまく理解してもらえれば幸いである。

中央教育審議会の定義

図1-1で見たように、日本の高等教育では、アクティブラーニングの用語は、2000年代以降急速に使用され始めたと理解される。そして、この用語が、中央教育審議会の答申に登場して政策用語となるのは、『新たな未来を築くための大学教育の質的転換に向けて―生涯学び続け、主体的に考える力を育成する大学へ―（答申）』（2012年8月28日）（以下『質的転換答申』）からである。その用語集でアクティブラーニングは、次のように定義と説明がなされている。

> 教員による一方向的な講義形式の教育とは異なり、学修者の能動的な学修への参加を取り入れた教授・学習法の総称。学修者が能動的に学修することによって、認知的、倫理的、社会的能力、教養、知識、経験を含めた汎用的能力の育成を図る。発見学習、問題解決学習、体験学習、調査学習等が含まれるが、教室内でのグループ・ディスカッション、ディベート、グループ・ワーク等によっても取り入れられる。
>
> （『質的転換答申』用語集、p.37）

まず、前段で「教員による一方向的な講義形式の教育とは異なり」と定義されるところに、筆者の定義、あるいはボンウェルら（Bonwell & Eison, 1991）、フィンク（Fink, 2003）のそれと同様、教授パラダイムから学習パラダイムへの転換の図られていることが見て取れる。もっとも、前答申（中央教育審議会『学士課程教育の構築に向けて（答申）』2008年12月24日）（以下、「学士課程答申」）において、国の高等教育政策はすでに、各大学が自らの教育理念と学生の成長を実現する学習の場として学士課程を充実させることを、強く求めるものとなっていた（山田、2009, 2012）。つまり、国の高等教育政策は、学士課程答申ですでに学習パラダイムへと転換していたのだから、その意味では、質的転換答申は、それをアクティブラーニングという観点からいっそう

具体的に推進するものになったと理解される。

　引き続いて、「学修者の能動的な学修への参加を取り入れた教授・学習法の総称」と定義されるが、これでは「学ぶ」の教授学習パラダイムに転換した後の「能動的な学修」がいかなるものかが示されていないことになる。それを説明するのが、残りの文章である。まず、「認知的、倫理的、社会的能力、教養、知識、経験を含めた汎用的能力の育成を図る」と述べられ、さらに「発見学習、問題解決学習、体験学習、調査学習等が含まれるが、教室内でのグループ・ディスカッション、ディベート、グループ・ワーク等によっても取り入れられる」と述べられる。これは、結局のところ、能動的な学習とは、学習プロセスのなかに活動（書く・話す・発表するなど）があり、かつ、さまざまな次元の技能・態度（能力）の育成につながるような学習がなされることと定義していることに相等しい。

　質的転換答申では、「発見学習〜グループ・ワーク等」と幅広く活動が列記されているが、フィンクの場合と同様に、概念的には、筆者あるいはボンウェルらの「活動」に近いものだと理解してよい。また、さまざまな「汎用的能力の育成を図る」と述べられる部分は、筆者の定義にある「認知プロセス」、あるいはボンウェルらの「思考」に相当するものであるが、活動の際に生じる内面プロセス（認知プロセス・思考）から定義を記述するか、出口としての成果（outcomes）（汎用的能力の育成）から定義を記述するかの違いであって、近いものを指しているとは言える。本書では、定義のなかで汎用的能力といった技能・態度（能力）について言及はしなかったが、それは第2章第2節(5)で、技能・態度（能力）の一つとしての「情報・知識リテラシー」の習得がアクティブラーニングの目指すべき目標の一つとなっていることが述べられる。

　個人的には、定義のなかに、筆者の定義のように、あるいはボンウェルらのそれのように、「認知プロセス」か「思考」を入れた方が良かったかもしれないという感想を持つ。というのも、活動と認知プロセス／思考とは表裏一体の関係だからであり、ともにアクティブラーニングの重要な構成要素となっているからである。先に述べたように、筆者の定義では、活動への関与

と認知プロセスの外化の二重表現を採っている。ここには、書く・話す・発表するなどの活動と、活動に関連する認知プロセスの外化、その十分な協奏こそが、良いアクティブラーニングを作るのだという含意を持たせている。アクティブラーニングによって技能・態度(能力)が育成されるのは、学習プロセスのなかで、この活動と認知プロセスが十分に協奏したときの結果であって、その意味で、質的転換答申の定義のなかに、「認知プロセス」か「思考」を入れておいた方が良かったのではないかと思うのである。

　また、アクティブラーニングが目指す目標の一つには、たしかに技能・態度(能力)の習得があるが、それ以外にも、フィンクが挙げるような、「人間の次元」や「関心を向ける」「学び方を学ぶ」といった、技能・態度(能力)以外のさまざまな目標を掲げることがある。それらは、大きく、「学生の学びと成長」論としてまとめられるものである(第2章第2節(1)を参照)。このことをふまえても、技能・態度(能力)の育成につながるものがアクティブラーニングという定義・説明のしかたではなく、技能・態度(能力)の育成を含めたより広範な目標に結実するためのアクティブラーニングの構成要素(活動は述べられているので、ここではもう一つの認知プロセス)をもって、アクティブラーニングを定義・説明した方がよかったのではないかと思うのである。

第2章　なぜアクティブラーニングか

第1節　教授学習パラダイムの転換

(1) 教授学習パラダイムの転換か、それとも社会の変化か

　本章では、なぜアクティブラーニングが求められるようになったのか、その背景について見ていこう。

米国におけるアクティブラーニングの背景

　アクティブラーニングの概念は米国発祥のものだから、最初の問いは、米国においてなぜアクティブラーニングが求められるようになったのか、とされなければならない。

　これに対する基本的回答は、後に、バーとタグ (Barr & Tagg, 1995) が「教えるから学ぶへ (from teaching to learning)」と呼んだ教授学習パラダイムの転換に求められると考えられる。アクティブラーニングは、「学ぶ」パラダイムにもとづく学習法である。今日から考えると、社会が変化したからだという回答は大いにあり得そうだが、そして、それもある意味間違えてはいないし、後でつけ加えて論じる予定でもいるが、より直接的な回答は、やはり教授学習パラダイムの転換に求められると考えられる。理由は二つある。

　一つは、バーとタグ (Barr & Tagg, 1995) をはじめ、他の多くの著書・論文において、社会が変化したから「学ぶ」の教授学習パラダイムなのだというロジックを採っていないことである。むしろ、社会の変化については、書かれていないものが圧倒的に多い。

　理由の二つ目は、後に「優れた教育実践における7つの原則」(詳しくは中

井・中島, 2005を参照、ほか溝上, 2012) で有名になるチッカリング (Chickering, 1969) の著書 "Education and Identity (教育とアイデンティティ)" の第一版で、教授パラダイムから学習パラダイムへの転換に相当する思想がすでに提唱されているからである。この提唱は、1969年という年代から考えて、近年議論されている社会の変化 (たとえば後で述べる知識基盤社会の到来や社会の情報化、生涯学習社会など) よりもはるかに前のことであるし、実際、チッカリングの著書においても、社会が変化したから「学ぶ」パラダイムなのだ、という議論はなされていない。

　もっとも、チッカリングの著書をこの文脈で挙げるのなら、米国の『学習への関与』レポート (1984年) を挙げるほうがより適切であろう。『学習への関与 (Involvement in Learning)』レポートは、国立教育研究所 (National Institute of Education) に設置された諮問的な研究グループ (The Study Group on the Conditions of Excellence in American Higher Education, 1984) がまとめたものである。『学習への関与』レポートもまた、チッカリングの著書と同様に、教えるから学ぶへのパラダイム転換に相当する思想を説くもので、多くの論者 (cf. Bonwell & Eison, 1991; Fink, 2003; Koljatic & Kuh, 2001; 三浦, 2010; Tagg, 2003) が、学習パラダイムが提示された初期の論として紹介するものである。チッカリングの著書から15年下るが、それでも1984年という刊行年は、やはり社会の変化 (とくに、知識基盤社会の到来、社会の情報化・グローバル化、生涯学習社会など) を説くにはややはやい。

　それでは、米国では、なぜ教えるから学ぶへと教授学習パラダイムを転換させなければならなかったのだろうか。歴史的に大きく見れば、それは、カレッジに始まる教育重視の教員の役割が、研究重視へと偏重し、それをもう一度教育重視へと戻そうとしたからだと考えられる (江原, 1994)。

　植民地時代 (17〜18世紀) のカレッジでは、ハーバードも他のどのカレッジも、パリやボローニャ、オクスフォードをはじめとする中世ヨーロッパの大学と同様、研究より教育をはるかに重視するものであった。教育目的も専門家の養成ではなく、教養人の養成に置かれていた。ところが、19世紀後半から末にかけて、研究と大学院教育をおこなう研究志向型の大学が出現し

てくる。そして、リベラルアーツカレッジや2年制のコミュニティカレッジに典型的に見られるように、教養人の養成に重点を置く大学を存続させ、大学間の役割分化を確立させながらも、全体的には、大学教員の役割としての研究がいっそう重視されるようになっていく。こうして、大学教員とは何よりもまず専門家であり研究者であるという、大学教授職のイメージが定着していく。第二次大戦後、多くの専門分野では研究水準が飛躍的に上昇し、研究業績が大学教員の採用と昇進の主要な評価規準となったことも併せて、多くの教員は研究活動に没頭し、教育活動を副次的な活動と見なしていくのであった。次に述べる多様な学生の増大と相まって、大学教育が全体的に混乱してくるのは、当然の帰結でもあった。

　チッカリング(Chickering, 1969)は、著書"Education and Identity(教育とアイデンティティ)"の序文で、「高等教育はかつて、社会における一人前の大人になるための準備教育の場であった。しかし、この50年の変化のなかで、高等教育はそのイメージを変えてしまった。関心は、一人前の大人から学問へ、人から専門へと移ってしまった。結果として、一人前の大人になることとは、学問を修めることとなってしまった。具体的には、専攻を決めること、専門分野を修めること、専門家になること、仕事に就くことである。……もう一度、教育に、そして人に関心を戻そう」(p.ix)と述べている。この著書は、先に紹介したように、教えるから学ぶへのパラダイム転換を主唱した先駆けの書の一つと位置づけられるものである。そして、大学教育の目的は、学生を一人前の大人とするべく、(1)コンピテンスを発達させること、(2)感情をコントロールすること、(3)自律性を発達させること、(4)アイデンティティを確立すること、(5)対人関係を成熟させること、(6)目的意識を発達させること、(7)統合すること、の力を育てることにあると論じられる。

　1960年代というはやい時期に、学生の学びと成長が大学教育の目的として掲げられていたことには驚きを隠せないが、それも彼にとってはかつてのカレッジ教育に見られたものを思い描いてのことと理解すれば、なにも驚くほどのことではないのかもしれない(チッカリングの論の1990年代への接続、学びと成長については、溝上, 2012を参照)。

直接的なパラダイム転換の原因

　ところで、以上のような歴史的説明はマクロ的には理解できるものの、実際の大学や現場の教員がなぜ教えるから学ぶへとパラダイム転換をしなければならなかったのかを理解するには、説明が不十分であるかもしれない。それを理解するには、もっと直接的な要因としての高等教育の大衆化、それによる学生の多様化、異なる動機、希薄な目的意識、結果としての教育の困難化を説明しなければならないだろう（Barr & Tagg, 1995; Duck, Groh, & Allen, 2001; Prince & Felder, 2006）。

　江原（1994）によれば、米国の高等教育は第二次大戦後から、とくに1960年代から1970年代初頭にかけて、その規模を飛躍的に拡大させ、大量の学生を受け入れるようになった。1940年には149万人だった学生数は、1960年に358万人、1970年には858万人、1980年には1,209万人まで増加した。これが、米国の高等教育の大衆化と呼ばれるものである。

　この学生数の増加は、言うまでもなく、それ以前であれば高等教育に進学してこなかった、新しいタイプの若者が進学してくるようになることを意味していた。つまり、伝統的な学生に、このような新しいタイプの学生が加わって、「学生の多様化（diversity of students）」と呼ばれる状況が生じたのである。先に紹介した『学習への関与』レポートでは、学生の多様化の具体的状況を次の4項目で示している。そして、それをふまえて、米国の高等教育はもはやエリートのための教育機関ではなく、大衆のための教育機関となったのだと述べている。

- 学部生の半分以上は女性である
- 6人に1人は、マイノリティー集団の出身である
- 5人に2人は、25歳以上の成人学生である
- 5人に3人以下しかフルタイムの学生がいない（残りはパートタイムの学生である）

　　　（The Study Group on the Conditions of Excellence in American Higher Education, 1984, p.5、[筆者注] 若干説明を補足している）

伝統的な大学教育観から見ると、新しいタイプの学生は大学教育を受けるのに十分な準備がなされていなかったり、大学で学ぶことの意味、目的意識が希薄であったりして、伝統的な方法で熱心に講義をしても、学生たちは十分に理解しなかったり、関心を示さなかったりするのであった。こうして、多くの大学で、「どのように教えるか」が喫緊の課題になり、1984年の『学習への関与』レポートに話が繋がる(他にも天城, 1987を参照)。

　レポートでは、米国の高等教育における卓越性の条件とは何かと検討された結果が示されている(表2-1を参照)。米国の高等教育の大衆化を背景として『学習への関与』レポートを読めば、なぜレポートが、学習パラダイムへの転換を説くのか、アクティブラーニングの必要性(表2-1の(2)を参照)を説くのか、容易に理解される。なお、研究グループの名称、"The Study Group on the Conditions of Excellence in American Higher Education"を見ると、「卓越性の条件(conditions of excellence)」という検討課題が、そのまま研究グループの名称となっていることにも留意したい。

日本におけるアクティブラーニングの背景

　それでは、日本ではどのように説明されるだろうか。なぜアクティブラーニングなのか。

　第1章第1節で見たように、日本の高等教育でも、アクティブラーニングは能動的学習として、1970〜80年代から少しずつ取り組まれていた。能動的学習と称さない取り組みも少なからずあっただろうから、少なからずアクティブラーニングの取り組みははやくからなされてきたと理解される。その上で、なぜ日本でアクティブラーニングだったのかと問うと、それは、米国と同様に、高等教育の大衆化に対応して、教えるから学ぶへのパラダイム転換が図られたからだと考えられる(江原, 1994)。

　日本の高等教育は、米国のそれとずいぶん背景が異なっているにもかかわらず、米国と同時期の1960年代から1970年代半ばにかけて大衆化を遂げている(cf. 天野, 1974; 市川, 1995; 清水, 1975)。大学短大で戦後10%と伸び悩んでいた18歳人口比における進学率が、1960年代に入って急増し始めるのである。男性では、大学への進学率が1960年で13.7%だったものが1975年

表2-1 学生関与の実践的な7つの観点

(1) 大学のアドミニストレーターは、1・2年生に対するサービスをより充実させるために、教員その他機関の資源を再配分しなければならない。
- 1年生向けの授業は、学生・授業者の熱心で知的なやりとりの機会が、適切に与えられるようにデザインされなければならない。
- 学部長や学科長は最高の教員を、多くの初年次学生を惹きつける授業に配置しなければならない。
- 授業者として大学院生を雇用する機関の学科長は、人選を厳格にし、彼らが責任を負えるための十分な準備を保障するべく措置しなければならない。
- 学籍係の者や学部長は、学期が始まってある時期まで、初年次学生のために十分な場を確保してやらなければならない。
- 大学やコミュニティ・カレッジは、初年次学生が訓練をよく受けた指導者——教員、アドミニストレーター、ピア学生を含む——のいるしっかりした組織に行くように保障してやらなければならない。また、そこでの指導体制が、学生と定期的にコンタクトを取るものとなるように保障しなければならない。
- 州は助成システムを改善して、機関が3年生、4年生のために受けるのと同じくらいのお金を、1年生、2年生のために受けられるようにしなければならない。

(2) 教員は、アクティブ様式の教授法をもっと用いて、学生が自身の学習により責任を持つようにしなければならない。
- 学生を教員のおこなっている研究プロジェクトやその分野に関連する授業に関与させること。
- インターンシップや他の注意の行き届いた経験学習の形態を促すこと。
- とくに大人数の授業で少人数ディスカッションを取り入れること。
- プレゼンテーションとディベートがある授業にすること。
- 適切な科目でシミュレーションを発展させること。
- ゲストとして実践家を関与させること。
- 個人の学習プロジェクトや指導つきの自主研究をおこなう機会を作ること。

(3) 知的な問題に関して学生と教員が個人的なつきあいを多く持てるように（少なくならないように）、学習テクノロジーがデザインされなければならない。
- 分析のための情報の一次資料を収集するときに、コンピューター・テクノロジーを利用するグループ・プロジェクトを組織すること。
- 学生が、コンピューターを用いた教員の研究に参加できるような機会を作ること。
- 学生と教員に、（コンピューターの）プログラムやソフトウェアのアプリケーションを書かせること。
- 学生同士で話し合う、そしてコンピューター・ネットワークを通じて教員と話をすることができるコンピュータ・カンファレンスの時間を提供すること。

(4) すべての大学は、入学から卒業するまで、学生を関与させるための組織的なガイダンスや指導のプログラムを提供しなければならない。学生の問題に当たる全職員、ピアカウンセラー、教員、アドミニストレーターはすべて、継続してこのシステムに参加しなければならない。
- 教務担当のアドミニストレーターを指導者に就かせること。学科長以上のアドミニストレーターは、一人ひとりが数名の学生の指導をおこなわなければならない。このアプローチには副次効果がある。というのも、学生に何が起こっているかを直接知る手段となるからである。
- 電話を使って、指導学生をチェックして話をすること。学生がオフィスに訪問してくるのを待っているだけではいけない。電話は、とりわけ大人やパートタイムの学生に連絡しやすい、きわめてわかりやすい道具である。

- 短期間だが濃密な研修期間やワークショップを、指導者のために用意すること。これらのワークショップは、機関の目標・政策・手続き、学生団体の性質、クラス分けテストや他のアセスメントの性質や目的、カリキュラムのキャリアに対する関係性などの問題に関する現実と通説を切り離すのに役立つだろう。
- 継続と焦点化を保障すること。多くの情報源からの指導を求める学生もいるが、大学での過ごし方を追跡できる1人のスタッフが指導をする方が、3人のスタッフが異なる観点から指導をするよりもうまくいく。初年次学生に対してのスタッフ、専門学生に対してのスタッフ、就職支援に対してのスタッフといったように、大学にはさまざまな指導体制があるけれども、そのことは概して機関にとっては拡張的であり、学生にとって混乱を招くものである。学生の指導者を変更する必要があるときには、整然と対応されるべきである。ベテラン指導者と新米指揮官の中間くらいのコンサルテーションがなされるべきである。

(5) どの高等教育機関も、知的なテーマや課題に関して組織された学習共同体を作るように努めなければならない。
- それはキャンパスにある一般の単位よりも小さいことが多い。
- そこには目的の感覚がある。
- それは教員が他の教員、学生たちから孤立しないことに役立つ。
- それは教員が他の教員と、専門家としても教育者としても関わるように促す (要するに、新しい教員の役割が発展するように促す)。
- それはカリキュラムの連続性と統合性を促す。
- それは集団アイデンティティや結合、「専門性」の感覚を構築するのに役立つ。

(6) 教務・学生担当のアドミニストレーターは、学生の関与を最大限高めるために、現存する共同カリキュラムや活動に対して適度な財政支援や場所、認識を提供しなければならない。あらゆる試みは、これらのプログラムや活動に関わるパートタイムや自宅通学学生を含めておこなわなければならない。

(7) 教務担当のアドミニストレーターは、できるだけ多くの非常勤講師が常勤講師と一体になるようにすべきである。

(注) The Study Group on the Conditions of Excellence in American Higher Education (1984)、pp.25-36より翻訳

には41.0％に、女性では、1960年で短大3.0％／大学2.5％だったものが1975年にはそれぞれ20.2％／12.7％にまで膨れあがっている。ともに、1970年代半ばでピークを迎えている。

　同じ大衆化という言葉だけで、上記の米国での説明をそのまま日本の高等教育に適用するわけにはいかない。折しも、1960年代の高度経済成長によって日本経済は豊かに発展し、国際的に経済大国の地位を得て、1980年には通産省より明治以来の「追いつき型近代化」は終わったとも宣言された (通商産業省産業構造審議会編『八〇年代の通産政策ビジョン』1980年)。有名なヴォーゲル (Vogel, 1979) の『ジャパン・アズ・ナンバーワン』では、米国は、日本の質の高い義務教育に大いに学ぶべき点があると絶賛したが、他方で、日本の大

学教育には学ぶべき点はない、見ない方がいいと言いたい放題でもあった。基礎研究ただ乗り論や、到来しつつあった社会の情報化や生涯学習・グローバル化などをふまえて、1980年代、日本の大学は大きく変わらねばならなかった(溝上, 2010)。

そのようなマクロ的な大学の社会歴史的背景の違いを理解した上で、実際の大学・現場の教員のあいだでは、米国と同様の大学の大衆化に伴う教育や授業における学生との関係を問題にしていたと理解しなければならない。

1980年代当時大阪大学にいた扇谷尚は、この問題について、「大学生活では学生が自分で問いをだし、自分で追求する自主的勉学態度を前提とするべきであるが、今日では学生の主体性に期待することが非常に難しくなっている。そこで『大学の授業』のあり方が問題になってくる」と述べている。また、当時東京大学にいた寺﨑昌男は、「……学校教育に際して、教師たちはいやでも自分の『授業』のあり方に関心をもたざるをえない。学生が大量化し大衆化したということもある。単位、進級といった諸制度がいよいよ複雑になってきたということもある。学生たちが映像文化や音響文化(?)のなかで育ってきたために、たんなる言語シンボルの授業(いわゆる講義)だけで満足しなくなったという事情も大きい。最近の学生たちの受動的な受験勉強的学習態度のために、せめて教室での学習をもう少し生き生きとしたものにしなければ、教師の側が堪えがたくなってきた、という事情もある」と述べている(いずれも喜多村, 1988, pp.17-18)。ここからは、1980年代の日本の学生が、かつてのエリート学生と違って、大学で学ぶことの意味、目的意識が希薄であったり、伝統的な方法で講義をしても関心を示さなかったりする様子が示されており、上述した米国の抱える問題状況とかなり似たものとなっていたと理解される(他にも、森, 1995)。

1980年代には、まだまだ一般化には至らないレヴェルであったが、大学の教授法なる出版物も刊行された。たとえば、『大学の授業法』(IDE現代の高等教育, No.212, 1980)、『大学教授法入門』(ロンドン大学教育研究所大学教授法研究部, 1982)、『大学教育の目的』(エブル, 1987)、『大学教授のためのティーチングガイド』(エブル, 1988)がそうである。これらは、高等教育の

大衆化に対応した大学教育専門家からの、教授パラダイムから学習パラダイムへの転換の意図を表すものであったし、1991年の大学設置基準の改訂、いわゆる大綱化以降は、その転換が10年、20年とかけて、多くの大学・教員のなかで内面化されていくのであった。

　ちなみに、1990年代の大学授業の改善――よく取り上げられたのは、授業の最後部でコメントシートを学生に配り、その日の授業で考えたことや感想を数行書かせ、それに授業者が一言コメントして返すという双方向性の教授法（織田［1991, 1995］の「大福帳」や田中［1997a, 1997b］の「何でも帳」、田中［1999］の「質問書」など。双方向性授業を作り出すツールのレビューは溝上・藤田［2001］も参照）――は、後のアクティブラーニング論から見ればいまだ原初的なものが多かったと思われるが、筆者はそれらもアクティブラーニング型授業の一つ、あるいは先駆けだったと見ている。この時期には、まだそれを「アクティブラーニング」「アクティブラーニング型授業」と呼ぶ学術的作業は施されていなかったが、現場の実践としては1990年代半ば頃より、学習パラダイムにもとづいたアクティブラーニングを導入した授業改善が、少しずつなされ始めていたと理解される。

　そして、大学教育がある程度学習パラダイムへと基盤を転換してしまえば、あとは、それにもとづいてどこまでアクティブラーニングを展開するか、できるかという話になる。アクティブラーニングのさまざまな技法や授業・コースデザイン、1990年代まではうるさく求められてこなかったアセスメントや評価も加わって、アクティブラーニングの議論や実践はどんどん発展していく。さらに、クリッカーやインターネット、ソーシャルメディアといったICT（情報コミュニケーション技術）・メディア環境が加速度的に発展し、教室環境やラーニングコモンズの整備も加わって、アクティブラーニングの世界は、無限大の拡がりをもって発展し続けていく。

(2) 教えるから学ぶへ

　これまで教えるから学ぶへの教授学習パラダイムの転換を、定義や十分な説明をすることもなく、要所要所で使用してきたが、ここで簡単にまとめて

おく。

「教えるから学ぶへ (from teaching to learning)」は、バーとタグ (Barr & Tagg, 1995) が教授パラダイムから学習パラダイムへの転換を端的にまとめて提示したパラダイム概念であって、その内実は、何度も紹介してきた『学習への関与』レポート (The Study Group on the Conditions of Excellence in American Higher Education, 1984) に端を発すと考えられている (Bonwell & Eison, 1991; Fink, 2003; Koljatic & Kuh, 2001; 三浦, 2010; Tagg, 2003)。

今ではすっかり有名になったバーとタグのこの「教えるから学ぶへ」の概念であるが、実はもう一つ前に戻ることができる。同じ"Change"という高等教育ジャーナルの前年の号に、2回に分けて掲載された、当時、米国アンティオック大学学長だったガスキンの論文がある。そこには、「教員が産み出す大学から学生が産み出す大学へ、教員の学問的関心から学生が学びたいことへ、教員の授業スタイルから学生の学習スタイルへ、教室での授業から学生の学習へ。このように学生の学習に焦点を当てることが、我々の混迷するカレッジや大学の将来をどうするかを考える鍵になる」(Guskin, 1994) と書かれており、バーらはこれをふまえて、「教えるから学ぶへ」のパラダイム転換をまとめたものと考えられる。以下では、基本的に、「教授パラダイム (teaching paradigm)」「学習パラダイム (learning paradigm)」、あるいは「教授学習パラダイム (teaching and learning paradigm)」と称していく。

表2-2は、バーとタグ (Barr & Tagg, 1995) が示す教授パラダイムと学習パラダイムの対比である。筆者の言葉で要点をまとめると、教授パラダイムは、「教員から学生へ」「知識は教員から伝達されるもの」を特徴とするのに対して、学習パラダイムは、「学習は学生中心」「学習を産み出すこと」「知識は構成され、創造され、獲得されるもの」を特徴とするものである。

ベイン (Bain, 2004) は、教員が教室でおこなうことそれ自体が重要なのではない (=教授パラダイム)。学生がいかに考え、行為し、感じるか、そこに教員がどのような働きかけや手助けをすることができるかが重要なのである (=学習パラダイム)、と両パラダイムを対比させている。ビッグス (Biggs, 2003) も、教員が何をするかではない、学生が学ぶことが重要なのだと述べ

る。さらに、アンブローズら(Ambrose et al., 2010)は、学習パラダイムにおける学習は、プロダクト(product)ではなく(＝教授パラダイム)、プロセス(process)なのだ、変化(change)に関わるものなのだ、と述べている。両パラダイムの特徴を対比的に示したものとして、わかりやすいものである。同様のパラダイム対比は、観点は異なれども、ほかにも多数見られる(Dolence & Norris, 1995; Johnson & Johnson, & Smith, 1998; Smith & Waller, 1997; Prince & Felder, 2006; Vandiver & Walsh, 2010)。

　以下では、原則として、パラダイムの転換を指すときには、バーとタグの「教えるから学ぶへ」を「教授学習パラダイムの転換」、個別に指すときには、「教授パラダイム」「学習パラダイム」と表記していくこととする。

　それでは、学習パラダイムとアクティブラーニングとの関係はどのように説明されるだろうか。アクティブラーニングは、カリキュラム・コース(授業科目)に関連してなされる授業(教室)内外での学習のしかたに言及する学習概念である(第1章第2節を参照)。これに対して、学習パラダイムは、先に述べたその特徴(「学習は学生中心」「学習を産み出すこと」「知識は構成され、創造され、獲得されるもの」「プロセス」「変化」)を実現するための教授学習全般、それを取り巻く制度・思想・実践・環境のあらゆる側面に言及する概念である。表2-2で、学習パラダイムの特徴に学位やカリキュラム、生産力、資金が挙げられるように、アクティブラーニングのような、授業内外でおこなわれる学習以上のものを指すものである。

　このように、アクティブラーニングは学習パラダイムを実践的に推進する学習概念であり、概念的な関係で言えば、学習パラダイムはアクティブラーニングを包含する関係にあると理解されよう。

(3) 競争的な大学では学習パラダイム・アクティブラーニングは必要ないか

　教授パラダイムから学習パラダイムへの転換は、高等教育の大衆化、学生の多様化への対応だという説明をしてきた。しかし、それならば伝統的な大学、入学に際して依然と競争のある大学では、学習パラダイム・アクティブラーニングは必要ないということだろうか。学生が講義を、ある程度でいい

表2-2 教授パラダイムと学習パラダイムの対比

観点	教授パラダイム	学習パラダイム
役割と目的	●授業を提供すること	●学習を産み出すこと
	●教員から学生へ知識を伝えること	●学生の発見や知識構成を引き出すこと
	●授業科目とプログラムを提供すること	●力強い学習環境を創り出すこと
	●授業の質を改善すること	●学習の質を改善すること
	●多様な学生への接近を実現すること	●多様な学生への接近を実現すること
成功の規準	●入力と資源	●学習と学生の成功の成果
	●入学者の質	●卒業者の質
	●カリキュラム開発と拡大	●学習テクノロジーの開発と拡大
	●資源の量と質	●成果の量と質
	●入学者数と歳入の増加	●学習の発展のデータを集めることと効率性
	●教員と授業の質	●学生と学習の質
教える／学ぶの構造	●原子論的な、あるいは全体に先立つ部分	●全体論的な、あるいは部分に先立つ全体
	●時間は不変、学習が変わる	●学習は不変、時間が変わる
	●50分講義、3単位科目	●学習環境
	●授業は決まった時間に始まる／終わる	●学生がいれば環境はいつでも整っている
	●一人の教員、一つの教室	●いかなる学習経験も可能である
	●一つの専門分野	●学際的協働
	●資料を網羅する	●特定の学習の結果
	●コース最後にアセスメント	●前／中間／後にアセスメント
	●教員による授業内での成績評価	●学習に関する外部評価
	●閉じたアセスメント	●開かれたアセスメント
	●学位は習得した単数数に相当	●学位は身につけた知識と技能に相当

観点	教授パラダイム	学習パラダイム
学習理論	●知識は「向こう」にある	●知識は個人の頭の中にあり、個人の経験によって形成される
	●知識の固まりが教員によって分割されて伝達される	●知識は構成され、創出され、「獲得される」もの
	●学習は蓄積され直線的なもの	●学習は入れ子式で、相互作用的な枠組みを持つもの
	●知識メタファーの貯蔵庫に合致	●自転車の乗り方を学習するメタファーに合致
	●学習は教員中心でコントロールされるもの	●学習は学生中心でコントロールされるもの
	●「生の」教員、「生の」学生が求められる	●「能動的な」学習者が求められるが、「生の」教員は求められない
	●教室と学習は競争的で個人主義的である	●学習環境と学習は協同的で、協調的で、支援的である
	●才能や能力はまれである	●才能や能力にあふれている
生産力と資金	●生産力の定義：学生一人あたり、授業時間あたりの経費	●生産力の定義：学生一人あたり、学習単位あたりの経費
	●授業時間のための資金	●学習成果のための資金
役割の性質	●教員は基本的に教師である	●教員は基本的に学習方法や環境のデザイナーである
	●教員と学生は独立して、切り離されて行動する	●教員と学生は相互に、そして他のスタッフとチームで仕事をする
	●教員は学生を分類する	●教員は学生一人ひとりのコンピテンスや才能を育てる
	●スタッフは教員や授業プロセスを支援する	●すべてのスタッフは学生の学習や成功を産み出す教育者である
	●専門家なら誰でも教えることができる	●学習を推進することは挑戦であり複雑なことである
	●縦の統治であり、独立した行為者である	●共同統治でありチームワークである

(注) Barr & Tagg (1995), Chart 1 (pp.700-701) を抜粋・翻訳

のだが、しっかり聴く大学であれば、学習パラダイムやアクティブラーニングは必要ないのであろうか。筆者は、アクティブラーニングに関する講演で、この手のコメントをかなり受けてきた。

　まず、上記で紹介した扇谷や寺﨑の言は、大阪大学や東京大学の学生に対して発せられたものであったことをおさえておきたい。それは、競争的な大学の学生でも、もはやかつてのエリート学生とは違っていて、大学で学ぶことの意味、目的意識が希薄であったり、伝統的な方法で講義をしても関心を示さなかったりする学生が少なからずいることを示唆している。座学ができなくなっている、私語でうるさくて授業にならない、といったことはないにしても、かつてのエリート学生に教えるのと同じように授業をすることができなくなっている、とは十分に感じられる状況であったと推測される。この変化の背後には、やはり高等教育の大衆化があったのだと考えられる。

　もっとも、それで授業が崩壊しているわけではないし、競争的な大学の学生は、ある程度は、講義を聴いたのだから、そのような大学の教員が、自ら積極的に学習パラダイムにもとづいて授業を変えていくというようには、なかなかならないし、ならなかったのが実際である。扇谷や寺﨑の言から四半世紀経った今日においても、競争的な大学で、本格的なアクティブラーニング型授業をおこなう教員は少数派である。授業の最後にコメントシートを配り、授業中に考えたことや感想・質問を書かせるといった程度のことなら、多くの教員が採り入れてやっているが、それ以上のものへはなかなか発展しない。ギアを一つ上げるには、全学的な教授学習の方針の提示や、それにもとづいた研修や支援などの介入が必要である。

　問題は、そのような競争的な大学において、従来どおりの教授パラダイムでいいのか、学習パラダイムへの転換、それにもとづくアクティブラーニングは必要ないのかということである。筆者の考えは、競争的な大学の学生に対しても、学習パラダイムへの転換、それにもとづくアクティブラーニングは推進されなければならない、というものである。理由は、第1章第2節(3)で述べたように、たとえ講義を「聴く」態度に深刻な問題がなくても、あるいはすばらしい「聴く」学習がなされていたとしても、それだけで学生が、

今日私たちがアクティブラーニングを通して求める学習成果を得るわけではないからである。たとえば、ある学習内容についての自分の理解や考えを外化すること（書く・話す・発表するなど）、あるいは、さまざまな他者の理解をふまえて理解することなどは、いかなる「聴く」学習によっても、その学習に認知プロセスの外化の作業が伴わない以上、不可能である。「聴く」を通して、頭のなかで思考が豊かに繰り広げられても、いざその思考や学習内容の理解を隣の学生に自分の言葉で伝える、議論する、みんなの前で発表するとなると、言葉が出てこない、うまく説明できない、ということが往々にして起こる。筆者が教える京都大学の学生でも、このようなことはごくふつうに見られる。それは、学生に力がないのではなく、そのような力を身につけるトレーニング、あるいはアクティブラーニングがなされていないからである。

　アクティブラーニングは、知識習得以上の、活動や認知プロセスの外化を伴う学習を目指すし、そのような学習を通して身につける技能や態度（能力）が社会に出てから有用であるという考え方にもとづいて推進されている。この考え方にもとづけば、どんなに競争的な大学の学生に対しても、どんなに講義を「聴く」態度に深刻な問題がなくても、学習パラダイムへの転換、それにもとづくアクティブラーニングは必要だと言える。授業を通しての学習目標が、以前のものから変わっているのだから。

　なお、以上の論は、教員の目線で、学生の聴く態度を問題としたものだったが、学生目線で言えば、競争的な大学の学生でも、大学の授業に何の不満も持たずに講義を聴いていたわけではないから、その点は補足しておきたい。

　梶田（1995）は、京都大学・大阪大学・大阪外国語大学の学生を対象に実施したアンケート調査の結果を紹介している。それを見ると、そのような競争的な大学の学生たちでも、大学の講義や演習に対して、少なからず不満を持っていたことがわかる。たとえば、それは、「自分の世界にひたりこむだけでなく、学生のための講義をしてほしい」「もっとやる気を出してほしい」「研究者である前に教師であってほしい」といった教員の教育者としての自覚を疑うものであったり、「ひたすら先生が読みしゃべるだけ」「お経みたい

な講義は嫌」「みんなに分かる言葉づかいをしてほしい」「もっと学生の反応をみながら講義をしてほしい」「ていねいに板書してほしい」「つまらない講義のくせに出席重視というのは困る」「講義の下手な教官が多すぎる」といった、講義への工夫を訴える要望であったりする。

　大衆化以前の大学の講義に対して、当時のエリート大学生がまったく不満を持っていなかったとは考えられないが、少なくとも、1980〜1990年代の伝統的・競争的な大学においてさえ、学生の授業に対する不満はかくも高まっていたことは十分に推察される。それに、私語で授業ができない、理解力が低いなど、まさに学生の多様化に対応せざるを得ない大学が多数出現していたこと（新堀, 1992; 武内, 2014）を加えなければならない。第2章第1節(1)で述べたように、基礎研究ただ乗り論や、到来しつつあった社会の情報化や生涯学習・グローバル化などをふまえて、1980年代以降、日本の大学教育は大きく変わらねばならなかった。その話に、大学の競争／非競争の別は関係なく、いかなる大学であろうとも、学習パラダイムへの転換、アクティブラーニングは取り組まれていかねばならない課題であった。こうして話は、1991年の大綱化以降の本格的な大学教育改革、ファカルティ・ディベロップメントに接続していくのである。

　1990年代半ばのものであるが、この時期の大学教育改革の推進の意義について、梶田（1995）がうまく説明している。少し長いが、当時の雰囲気が伝わってくるものなので、そのまま引用する。

　　わが国においても、近年、大学における教育活動のあり方の抜本的な改善・改革が求められている。
　　学生そのものの基本的あり方が昔とは大きく違うのであるから、これは当然のことと言ってよい。今は同年齢層の40パーセント以上が大学・短大に進むという「高等教育大衆化」の時代である。また学生の多くが、小・中・高校生の時期を通じ、物質的に恵まれた生活をし、勉強や成績のことばかりに関心を奪われ、広い体験を欠いたまま、個人生活に閉じこもりがちなスタイルで育つという「純粋培養的育ちの一般化」が見ら

れる時代である。30年少し前の高度経済成長期以前の大学と、さらには文字どおりのエリート教育機関であった第2次世界大戦以前の大学・高等専門学校等と、同じスタイルで学生に接し、指導していくわけにはいかないのは明々白々であろう。

　これに加え、時代的進展に伴って、わが国の大学の基本的な研究・教育課題も変化してきている。とりわけ、欧米の先進的な学問・技術の探索・受容から日本の現実に根ざした研究・開発の創造的展開へと変革を余儀なくされている点など、大学でどのような教育活動をするか、それによって学生にどのような能力を形成していくべきか、という問題と深く関わってこざるを得ない。

（梶田, 1995, p.54）

第2節　社会の変化に対応して

(1) アクティブラーニングに内在する二つの構図
二つの構図・移行
　興味深いことに、学習パラダイム、ひいてはアクティブラーニングがいったん採られるようになるや否や、単に高等教育が大衆化したから、学生が多様化したから、という理由だけでなく、もっと積極的な意義をつけて、学習パラダイム・アクティブラーニングを推進しようとする動きが生じてくる。ボンウェルとエイソンのアクティブラーニングの定義がそうだし、フィンクの意義ある学習経験は、ボンウェルとエイソンのそれ以上に、思想的な教授学習観が基礎となって、積極的な学習パラダイム・アクティブラーニングを説くものとなっている（第1章第2節(4)を参照）。第1章第2節(2)の定義にもとづいて言い換えれば、受動的学習を乗り越えるという意味でのアクティブラーニングを推進する構図から、単に受動的学習を乗り越えるだけでなく、乗り越えた先の「アクティブ」のポイントをもっと積極的に特定しようとする構図への移行である。

　日本では、1990年代半ば頃より徐々に、アクティブラーニングの実践が

見られ始めた。そこでは、講義をただ聴くだけではなく、講義の最後にコメントシートを書かせることで、少しでも学生を講義に参加させようとしていた（第2章第1節(1)を参照）。今から見れば、それはいまだ受動的学習を乗り越える程度のアクティブラーニングの実践であり、「アクティブ」のポイントを積極的に特定しようとする動きではなかった。ところが、今日の実践の多くは、中央教育審議会の『新たな未来を築くための大学教育の質的転換に向けて―生涯学び続け、主体的に考える力を育成する大学へ―（答申）』（2012年8月28日）（以下「質的転換答申」）に典型的に見られるように、アクティブラーニングの「アクティブ」のポイントを積極的に特定しようとしている（第1章第2節(4)を参照）。そこでは、「アクティブ」のポイントが、認知的、倫理的、社会的能力、教養、知識、経験を含めた汎用的能力の育成を図ることにつながるものだと述べられている。

ポジショニング概念で理解する

この構図の違い、ひいては両構図の移行は、力学的なポジショニング概念を使用すると、いっそうよく理解される。「ポジショニング（positioning）」とは、あるモノ（事象や人も含む）の他のモノに対する相対的位置を採ることと定義される（溝上, 2008）。ある地点にポジション（位置）を採って、そこから世界を見るというようにも使える概念である。

この概念を用いると、アクティブラーニングには、力学的に、少なくともA・Bの異なる二つの構図のあることがわかる（**図2-1**を参照）。構図Aは、伝統的な、教員から学生への一方向的な知識伝達型講義における受動的学習にポジショニングして、そこから能動的学習を考えるものである。構図Aは、あくまで受動的学習を乗り越えることに注力しているので、そこでの教授法は、一方向的な知識伝達型講義をわずかに乗り越える程度のものが目指される。コメントシートやミニッツペーパー、小テスト、授業評価アンケートなどを導入しての、学生のただ講義を聴くだけではない参加形態を実現しようとするものがそうである。構図Aにおいての能動的学習とは、すでに何度も述べたように、受動的学習を乗り越える程度の意味しか持たない。

ところが、構図Aにポジショニングする（できる）ようになると、そのポジ

構図A　教員から学生への一方向的
　　　　　な知識伝達型講義
　　　　受動的
　　　　├──────────────▶　**能動的**
　　　　双方向型講義
　　　　・コメントシート
　　　　・ミニッツペーパー
　　　　・小テスト
　　　　・授業評価アンケート

　　　　　　ポジショニング

構図B　教員から学生への一方向的
　　　　　な知識伝達型講義
　　　　受動的
　　　　├──────────────▶　**能動的**
　　　　双方向型講義　　　　　　　↑
　　　　・コメントシート
　　　　・ミニッツペーパー
　　　　・小テスト
　　　　・授業評価アンケート

　　　　　　　　　　　　　　ポジショニング

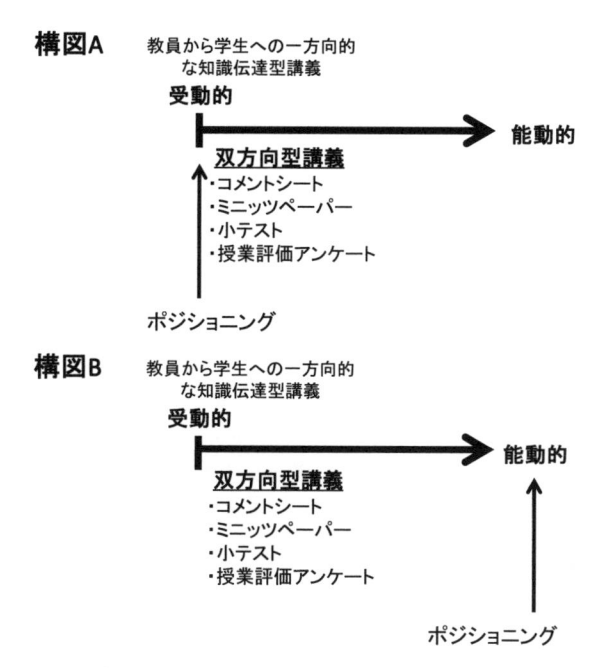

図2-1　ポジショニングで説明するアクティブラーニングの移行

ショニングがやがて構図Bのものに移行していくことがある（もちろん、移行しないこともある）。構図Bでは、もはや受動的学習を乗り越えることは当たり前になっており、「能動的（アクティブ）」学習のポイントが積極的に特定されようとする。質的転換答申の、認知的、倫理的、社会的能力、教養、知識、経験を含めた汎用的能力の育成を図ることとは、この構図Bに従ってのものと理解される。

学生の学びと成長として

　アクティブラーニングにおける「能動的（アクティブ）」のポイントを積極的に特定する構図Bは、言い換えれば、アクティブラーニング、学習パラダイムにもとづくあらゆる活動を、学生の成長の一環だと見なすものとして理解される。単に、高等教育が大衆化したから、学生が多様化したから、学生が講義を聴かなくなったから、といった消極的な理由ではなく、学生を学習や広く正課内外の活動に参加させて（＝学生関与 student involvement／

engagement, Astin, 1984; Kuh, 2003)、学生の知識・技能・態度(能力)の育成を、真正面から大学教育の課題としようとする動きである。これは、いわゆる、「学生の学びと成長(student learning and development)」として理解される流れである。

第1章第2節(4)で見たフィンクの意義ある学習経験論は、「基礎的知識」「応用」「統合」「人間の次元」「関心を向ける」「学び方を学ぶ」の習得を目指すものであり、知識の習得、技能・態度(能力)の開発を超えて、広く人格的・人間的成長にまで及ぶ目標が示されている。まさに、学生の学びと成長を、体系的・包括的に示したものとして理解される。そして、アクティブラーニングと呼ばなくとも、学習パラダイムに乗って学生の学習を徹底的に作り、学生を育てようとする授業デザインや教授法を説く多くのもの(たとえばAmbrose et al., 2010; Bain, 2004; Biggs, 2003; Biggs & Tang, 2011; Entwistle, 2009; Ramsden, 1992, 2003)は、この構図Bに従ったものであると考えられる。もはや、この段階になると、学習をアクティブラーニングと呼んで特徴づける必然性は大いに弱くなる。

現代社会の変化

「なぜアクティブラーニングか」という問いに対して本節で説きたいのは、図2-1における構図Aから構図Bへの移行が、教員の内側の論理で自発的に起こった(起こっている)わけでは必ずしもなく、多くの場合には、外側にある論理で外圧的に起こっているということである。その一つは、現代社会の大きな変化である。

もちろん、高等教育の大衆化も学生の多様化も、その背後には社会の変化が大きく絡んでいたので、この点への説明は多少必要とするだろう。たとえば、日本の1960〜1970年代にかけての高等教育の大衆化は、当時の高度経済成長期に社会のさまざまな側面が変化したこと、人びとの暮らしが豊かになり、ライフスタイルが変わったことなどを受けて起こったものであった。この意味において、日本の高等教育の大衆化、ひいては講義に関心を示さなかったり、座学ができなかったりする学生の出現の背後には、社会の変化が大きく絡んでいたと言える。米国の1960〜70年代の高等教育の大衆化、

学生の多様化についても然りである。

　しかし、前節の「なぜアクティブラーニングか」という問いには、筆者はできるだけ社会の変化だと言わずに、問題とする高等教育の教授学習により直接的に関わってくる要因（教授学習パラダイムの転換、高等教育の大衆化、学生の多様化）だけで回答してきた。なぜなら、大学にとって教授学習パラダイムの転換、ひいてはアクティブラーニングの提案は、直接的には、学生が講義に関心を示さなかったり、座学ができなかったりするなど、大学の内側の論理にもとづいて起こったことだったからである。

　チッカリングが、"Education and Identity（教育とアイデンティティ）"（1969年）という著書で、1960年代というはやい時代に、学生を一人前の大人にするべく、(1)コンピテンスを発達させること、(2)感情をコントロールすること、(3)自律性を発達させること、(4)アイデンティティを確立させること、(5)対人関係を成熟させること、(6)目的意識を発達させること、(7)統合すること、を大学教育の課題とすべきだと主張した（第2章第1節(1)を参照）。今読むと、それは現代社会への変化に対応してのもののようにも見えるが、当時のチッカリングの主張は、そのようなものでは決してなかった。それは、高等教育全体が研究や専門教育の様相を増すなかで、かつてのカレッジ教育で見たものを失いつつあることへの警鐘なのであった。それは、社会における大学の役割が変化したことによって起こっている問題であったが、チッカリングは、社会における大学の変化に向けて上記の言を主張したわけではなく、むしろ崩れてしまったかつての大学の内側の論理を取り戻そうとするべく主張したのであった。いろいろ考えて、やはり大学の内側の論理の問題に対応して出された主張であったと理解される。

　これに対して、今日の構図Bを背後で後押ししている直接的な要因は、大学の外側にある社会要因である。とりわけ、技能・態度（能力）としてまとめられるコミュニケーションや思考力などの育成が、変化の激しい現代社会に適応するために切実に求められており、これへの対応として、構図Bが積極的に採られている。それは、端的に言って、「学校から仕事・社会へのトランジション（transition school to work and adult life）」（以下、トランジション）の問

題である。つまり、学校教育を受けた子どもや若者が、卒業後社会で力強く生きていけるのか、変化の激しい現代社会にしっかりと適応していけるのかが、学校教育の育成課題として突きつけられているのである。今や、学生が授業を熱心に受ける、学習に熱心に取り組むだけでは済まず、それ以上のもの——たとえば、卒業後の仕事や人生に適応していくための技能・態度（能力）を育てているか——が、大学を含めた学校教育全体に課題として課せられているのである。それは、学校教育が内側の論理で改善していた時代から、外側の社会の論理で変革を迫られる時代へと移行していると言えるものでもある。

(2) トランジションの観点からの学校教育のリデザイン

　ここで、大学を含めた学校教育に突きつけられている技能・態度（能力）を、トランジションと関連づけてまとめておこう。

　技能・態度（能力）は、日本で言えば、社会人基礎力（経済産業省）や汎用的技能（文部科学省、**表2-3**を参照）、21世紀型スキル・能力（グリフィン・マクゴー・ケア, 2014; 勝野, 2013）などとして提示されている。学校教育のカリキュラムや教授学習のリデザインにおいては、キャリア教育（社会人基礎力）の一環として推進される場合もあれば、学士課程教育（学士力、汎用的技能）の一環として推進される場合もある。初等・中等教育で言えば、新学習指導要領で提示された活用・探究の観点から、言語活動の充実の観点から、21世紀型能力の観点から、カリキュラムや授業のリデザインが推進されている。

　技能・態度（能力）は、国際的には、ジェネリックスキル (generic skill) やコンピテンス (competence)、コンピテンシー (competency)、リテラシー (literacy)、汎用的大卒者特性 (generic graduate attributes)、エンプロイヤビリティ (employability) などと呼ばれているものであり、その中でも、OECD-PISAのリテラシーやOECD-DeSeCoプロジェクトにおけるコンピテンシー（**表2-4**を参照）、欧州ボローニャプロセスの一環として検討されたチューニングプロジェクトにおけるコンピテンス（**表2-5**を参照）はよく知られる。なお、本書ではコンピテンス・コンピテンシーと技能（スキル）・態度との理論的差

表2-3 学士力

1. 知識・理解	専攻する特定の学問分野における基本的な知識を体系的に理解するとともに、その知識体系の意味と自己の存在を歴史・社会・自然と関連付けて理解する。 (1) 多文化・異文化に関する知識の理解 (2) 人類の文化、社会と自然に関する知識の理解
2. 汎用的技能	知的活動でも職業生活や社会生活でも必要な技能 (1) コミュニケーション・スキル (日本語と特定の外国語を用いて、読み、書き、聞き、話すことができる) (2) 数量的スキル (自然や社会的事象について、シンボルを活用して分析し、理解し、表現することができる) (3) 情報リテラシー (情報通信技術(ICT)を用いて、多様な情報を収集・分析して適正に判断し、モラルに則って効果的に活用することができる) (4) 論理的思考力 (情報や知識を複眼的、論理的に分析し、表現できる) (5) 問題解決力 (問題を発見し、解決に必要な情報を収集・分析・整理し、その問題を確実に解決できる)
3. 態度・志向性	(1) 自己管理力 (自らを律して行動できる) (2) チームワーク、リーダーシップ (他者と協調・協働して行動できる。また、他者に方向性を示し、目標の実現のために動員できる) (3) 倫理観 (自己の良心と社会の規範やルールに従って行動できる) (4) 市民としての社会的責任 (社会の一員としての意識を持ち、義務と権利を適正に行使しつつ、社会の発展のために積極的に関与できる) (5) 生涯学習力 (卒業後も自律・自立して学習できる)
4. 統合的な学習経験と創造的思考力	これまでに獲得した知識・技能・態度等を総合的に活用し、自らが立てた新たな課題にそれらを適用し、その課題を解決する能力

(注) 中央教育審議会答申『学士課程教育の構築に向けて』(2008年12月24日) より作成

異については議論しない (詳しくは松下, 2010aを参照)。技能・態度、それを支える能力という意味で、「技能・態度(能力)」と示し、ここで扱うコンピテンスやコンピテンシーはその一つとして理解する。

　変化の激しい現代社会に適応するべく、学校教育を通して技能・態度(能力)を育成しよう、ひいてはカリキュラムや教授学習をリデザインしよう、学習パラダイムにもとづいてアクティブラーニングを導入しようとするこれらの動きは、いずれも先に述べた、「学校から仕事・社会へのトランジション」が問題となってのものである。

　学校から仕事へのトランジションの研究や支援は、溝上(2014a)によれば、かつては、非大学進学者(高校・後期中等教育修了後就労する若者)、あるいは

表2-4　OECD-DeSeCoプロジェクトでまとめられた3領域のコンピテンシー

相互作用的に道具を用いる能力	異質な集団で交流する能力	自律的に活動する能力
●言語、シンボル、テクストを相互作用的に用いる	●他人といい関係を作る	●大きな展望の中で活動する
●知識や情報を相互作用的に用いる	●協力する。チームで働く	●人生計画や個人的プロジェクトを設計し実行する
●技術を相互作用的に用いる	●争いを処理し、解決する	●自らの権利、利害、限界やニーズを表明する

(注)ライチェン・サルガニク(編)(2006)、pp.210-218より作成

表2-5　チューニングプロジェクトで検討された3領域のコンピテンス

道具的コンピテンス	対人的コンピテンス	システム的コンピテンス
●分析と総合の能力	●批判的・自己批判的能力	●実践で知識を活用する能力
●組織化とプランニングの能力	●チームワーク	●研究スキル
●基礎的な一般的知識	●対人的スキル	●学習する能力
●職業の基礎知識の習得	●学際的なチームで働く能力	●新しい状況に適応する能力
●母語の話し言葉・書き言葉によるコミュニケーション	●他分野の専門家とコミュニケーションをおこなう能力	●新しいアイディアを生み出す能力(創造性)
●第2言語の知識	●多様性と異文化性を認めること	●リーダーシップ
●基礎的な計算技能	●国際的な文脈で働く能力	●他国の文化と習慣の理解
●情報処理スキル(さまざまなソースから情報を収集し分析する能力)	●倫理的な関わり	●自律的に働く能力
●問題解決		●プロジェクトのデザインと運営
●意思決定		●イニシアティブと起業家精神
		●質への関心
		●成功しようとする意志

(注)González & Wagenaar (Eds.) (2008)より翻訳・作成(松下, 2007, 表1, p.104を参考)

高校・中等教育を中途退学する者、人種・民族マイノリティや貧困層、移住者など、社会的に恵まれない若者を対象とするものが多かった(Barton, 1994; Cheek & Campbell, 1994; 深堀, 2008; 小杉, 2010; Neumark, 2007; Raffe et al., 1998; 寺田, 2004)。しかしながら、新しい技術の導入、女性労働者の増加、契約やパートタイムをはじめとする不安定な、あるいは一時的な雇用を含む雇用形態の多様化、社会の情報化・グローバル化の進展に伴う経済的な変動、労働市場の規制緩和等の一般的な社会的状況の変化を背景としつつ、大学進学者の増加、大学生の質的な多様化、社会性の弱さや仕事に通ずる技能・態度(能力)の弱さなどによって、大学卒業者にとっても労働市場は厳しいものとなってきている、あるいは大学卒業者のトランジションが問題となってきている。日本においても、2000年代に入って、大卒者の無業や転職が社会問題となり始め(小杉, 2003; 黒澤・玄田, 2001；大久保, 2002)、大学生を対象にした就職やトランジション研究・支援が盛んになされるようになったのは周知のとおりである。

　PBL (Problem-Based Learning) の著書で知られるウッズ (2001) は、問題解決学習のなかで使用される、ひいては育成される技能・態度(能力)を**図2-2**のようにまとめている。PBLは、第3章第1節で述べるように、アクティブラーニングの一つであるが、アクティブラーニングは最広義で定義される広い学習概念なので(第1章第2節(2)を参照)、アクティブラーニングを導入すれば、図2-2のような技能・態度(能力)をすべて育てられるというわけでは必ずしもない。しかしながら、アクティブラーニングが育てる技能・態度(能力)が、講義を聴くことで育てられる技能・態度(能力)よりもはるかに広大なものであることは、この図から理解されよう。これが前提となれば、あとの問題は、どのような技能・態度(能力)を育てるべく、どのようなアクティブラーニング型授業を作っていくかである。

(3) アクティブラーニングに直結する技能・態度 (能力)

知識を介した技能・態度 (能力)

　前項では、アクティブラーニングの目的の一つが、技能・態度(能力)の育

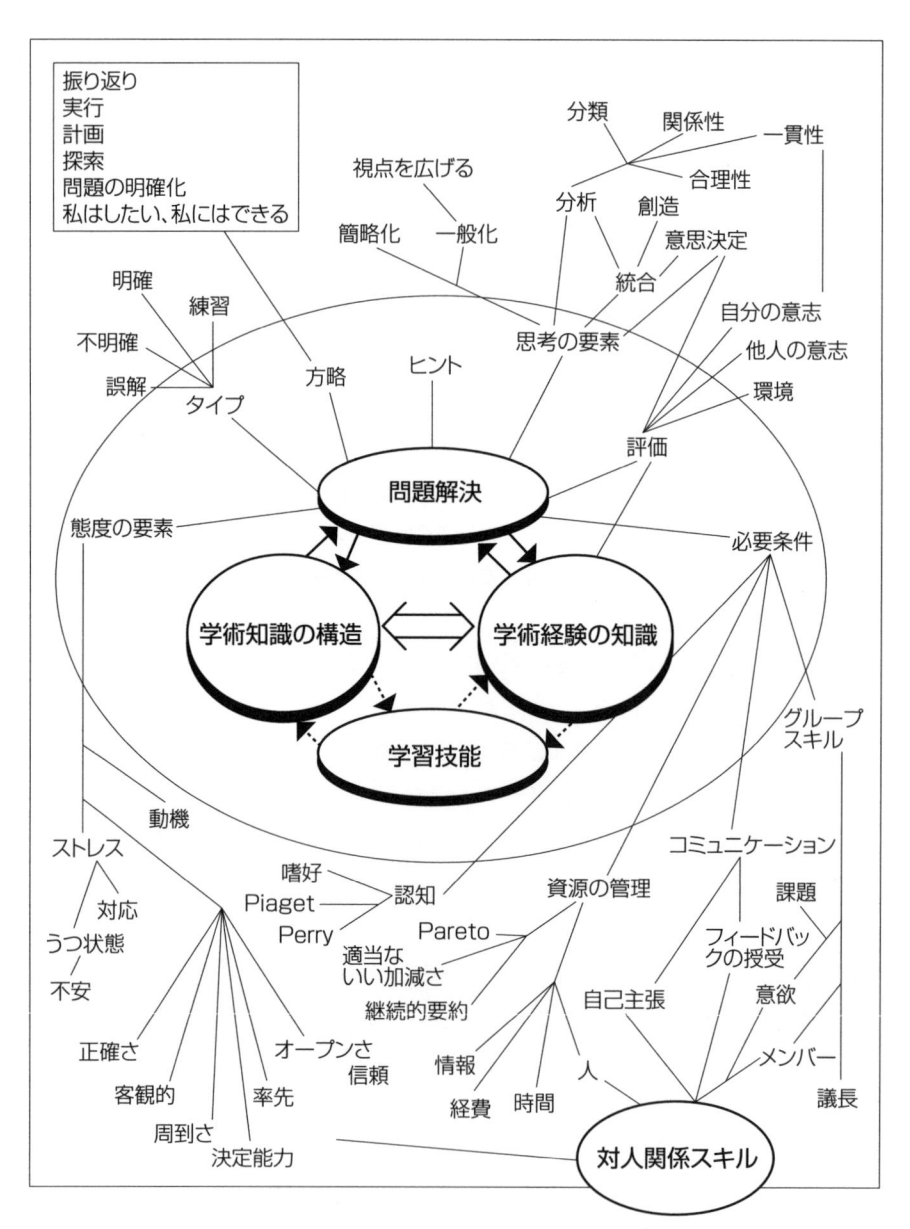

図2-2　問題解決で使用される技能・態度（能力）

(注) ウッズ (2001)、図3-1 (p.20) より抜粋

成にあると説明してきた。質的転換答申(2012年)におけるアクティブラーニングの定義も、ここを明示化していた(第1章第2節(4)を参照)。したがって、大きくはこのように理解していいと思う。しかし、本書では、もう少し細かく見て、アクティブラーニングのプロセスに直結する技能・態度(能力)としての「情報・知識リテラシー」を提示したい。理由は大きく二つある。

　第一に、文部科学省やOECD等で示される技能・態度(能力)(表2-3〜表2-5を参照)のなかに、コース(授業科目)や個々の授業のなかで扱われる知識との関係が明確に論じられていないものがあるからである。学士力(表2-3を参照)で言えば、とくに対人関係に関わるコミュニケーション・スキルやチームワーク、リーダーシップがそうである。OECD-DeSeCoやチューニングプロジェクトのコンピテンス・コンピテンシーを見ても、同様の事情が認められる。

　少しうがった見方をすれば、それらの技能・態度(能力)を学士課程教育の一環として育成するという場合、単位を付与する「コミュニケーション養成講座」なる科目を設置するという方法が考えられる。あるいは、初年次教育の授業のなかで育成するという考え方もある。そして、そのようなことは、実際に多くの大学ですでに起こっている。筆者はこの動きを否定するものではないが、少なくともアクティブラーニングで育成する技能・態度(能力)とは分別して考えたい。

　社会で求められるコミュニケーションとは、単なるおしゃべりを指すものではなく、課題(知識)を共有してはじめて関係性が成り立つ「公共圏他者」とのコミュニケーション(以下、「公共圏コミュニケーション」)を指すものである(溝上、2014b)。公共圏他者に相対するのは親密圏他者(家族や親友、恋人など)であるが、その親密圏他者とは、相手がどんな人なのか、何をやってきて、何に関心を持っていて、何を言えば怒って……などなどの大量の共有知が前提となってのコミュニケーションがなされる点に特徴がある(以下、「親密圏コミュニケーション」)。公共圏コミュニケーションでは、そもそも相手がどんな人であるか、どんな知識を持っているかさえわからないことが多い。同じ言葉や用語を使用していても、それの指すものや背景はまったく異なっ

ていることさえ少なくない。共有しているのは、課題だけである。このような状況が社会にはごまんとあるし、知識基盤社会の到来、社会の情報化・グローバル化が進み、さまざまな他者、異文化他者と交流せざるを得なくなっている現代社会においては、公共圏コミュニケーションのニーズは相当高まっている。もっとも、大学の講義やゼミで出会う他者が、真に公共圏他者であるかは理論的に難しいところである。少なくとも本書では、それが親密圏他者ではなく、どちらかと言えば公共圏他者により近い性質を持っている他者であるという理解をしておく。

　このような公共圏コミュニケーションにおいては、多くの場合、共有する知識や考え方、世界観の異なる他者との忍耐強いすり合わせ、自身にとってはきわめて自明な、しかし相手にとってはそうではない知識を説明すること、お互いが協力的な態度で課題あるいは問題解決していくことが求められる。大学のゼミや演習、プロジェクトにおける他者や集団内でのディスカッションをイメージしてもらえば容易にわかることだが、たとえ親密圏コミュニケーションが得意なものでも、自分の知っていることを、それを知らない他者に説明することは容易ではないし、知識がなければ他者に考えや反論をすることもできない。異なる他者と考えをすり合わせていく対人関係の態度が十分になければ、作業は協力的に解決されない。

　田島(2013)は、「共創的越境」という概念を提示して、その背後に、異なる他者や集団のなかで自らの知識や考えを説明することができない状況を問題視する。専門的には知識をよく知っている大学生の教育実習生が、子どもたちにうまく知識を説明して教えられないこと、あるいは、日本人の熟練技術者がタイ人に自らの技術を言葉で説明することができないことなどが、その一例として紹介されている(田島, 2009, 2014)。いずれも、知識を共有していない公共圏他者とのあいだで起こっている問題である。

　学校教育の現場で、このような場面はいくらでも見つけることができる。ディスカッションやグループ学習を面倒くさがったり、協力してやらなかったりする者がそうである。絹川(2010)は、名古屋大学の浪川幸彦氏の言を借りて、最近の学生の一般的言語力が脆弱している。情緒的な表現が蔓延し

ており、論理的な言葉で他者に考えを伝えていく、そのような言語力の問題があると指摘している。これも、結局のところ、公共圏コミュニケーションの問題を論じているのだと考えられる。このような学生が、社会に出て公共圏コミュニケーションを円滑におこなうことができるのか。アクティブラーニングにおけるコミュニケーションは、このような知識を介した他者との関係性を問題としているのである。

　アクティブラーニングで育成する技能・態度(能力)は、以上のように、コースや個々の授業のなかで扱われる知識と密接に関連するものである。たとえ他者との関係、他者との問題解決、他者とのディスカッションなど、広くコミュニケーション・スキルやチームワーク、リーダーシップと呼ばれるものが関わっているにしても、基本的には、知識の操作を伴うコミュニケーションやチームワーク、リーダーシップの能力と考えられるものである。コミュニケーション養成講座や初年次教育の授業でも、「いじめ」や「原発」など、多くの場合は身近なテーマを設定して、それに関する議論やプレゼンテーションをさせるから、そこにまったく知識の操作が関わらないとまで言っているわけではない。しかしながら、そこで用いられる知識は、伝統的なコースや個々の授業(たとえば、「心理学概論」や「マクロ経済学」「線形代数」など)で扱われる知識とは、大いにレヴェルや概念性・体系性の点で異なっている。伝統的なコースや個々の授業では、知識がまずあって、その上で技能・態度(能力)がある。はじめに技能・態度(能力)があるわけではない。この順序は、アクティブラーニングで育成するコミュニケーション、ひいては技能・態度(能力)を考える上で、大いに重要である。

検索型の知識基盤社会

　第二に、変化が激しい現代社会だと言うが、そもそもそれは、アクティブラーニングにとってどのような特徴を持つ社会であるのかの説明が、なされているようでなされていない。中央教育審議会やOECD等の政策文書では、大きく知識基盤社会(経済)とまとめられたり、情報化・グローバル化された社会とまとめられたりすることが多い。しかし、それだけでは、アクティブラーニングがなぜ必要なのか、アクティブラーニングがどのような社会の問

題状況に適応していくために技能・態度(能力)を育成していかなければならないのかが、十分に理解されない。筆者は、アクティブラーニングと技能・態度(能力)との関係を議論するとき、いつもここを問題だと感じてきた。

　筆者の考えでは、それは、アクティブラーニングが知識と密接に関連していることを受けて、知識に関わる社会の変化として示されなければならないものだろう。それは、おそらく「検索型の知識基盤社会」の到来として説明されるものである。その上で、アクティブラーニングは、検索型の知識基盤社会を力強く生きるための「情報・知識リテラシー」という技能・態度(能力)を育てる意義を持つ、と説明される。それでは、検索型の知識基盤社会、情報・知識リテラシーとはいかなるものなのか。説明を続けていこう。

(4) 検索型の知識基盤社会の到来

　まず、近年の社会のさまざまな側面における変化を、根幹レヴェルで創り出しているインターネット、ひいては情報コミュニケーション技術の発展を確認しておこう。

　四戸(2012)が述べるように、インターネットは、新聞・テレビ・ラジオ・電話・雑誌・映画といった既存のメディアをすべて包括する要素を持っており、文字・音声・静止画・動画という人がコミュニケーション手段として使っている視覚・聴覚すべてを網羅したメディアである。しかも、一方向性ではなく、双方向性の利用も実現している。技術、利用のしかたが、急速に進化して、私たちの仕事や生活を大きく変えている。

　情報コミュニケーション技術(ICT：Information and Communication Technology)は、コンピュータなどの情報技術とデジタル通信技術とを組み合わせた技術の総称で、今日では、先のインターネットと、それを利用するための(ノート)PC、携帯情報端末(スマートフォンなどの多機能携帯電話など)、タブレット端末(iPadなど)を組み合わせたものを指す。情報コミュニケーション技術の発展は、大量の知識や情報、データが時空を超えて、地球規模で発信され、かつ人びとのあいだで容易に共有されることを可能にした。それは、人と人、ものともの、人とものとの媒介に新たな次元を開き、そのことが、

政治、経済、産業、文化、対人関係、家族、人びとの暮らしや人生、仕事のしかたといった、社会のさまざまな側面における構造や機能を根本的に変えることとなった。もちろん、学校教育や学習もこのなかに含まれる。

　本書に関わる重要な点は、情報コミュニケーション技術の発展と人びとへの一般的普及によって、私たちの社会における知識の機能がまるっきり変わってしまったことである。たとえば、大学の研究の世界では、論文の多くがPDFでいつでもどこでもダウンロードできるようになり、テクスト化されたウェブページやPDFの文章を検索して、ある知識がどの論文や本に掲載されているかが──それが適切なものかどうかは別として──瞬時にわかるようになった。かつては、とくに文科系のある学問分野においては、ある知識を持っていること、その知識の根拠となる資料・史料がどの本や雑誌に、どの図書館にあるかを知っていること（これも知識である）が、専門家の専門家たるゆえんであった。今日、そのようなことがまったくなくなっているわけではないが、そのような意味での知識の価値はかなり低下している。知識を持っているだけでは、専門家としての存在意義を示しにくい時代になっている。専門家は、単に知識を有する以上の新しい存在意義を示さなければならなくなっている。

　大学だけでなく、研究所や企業も含めて、専門家は依然として知識の創出には従事している。しかし、創出された知識は、本や論文等で報告されるや否や、情報として瞬時にグローバルな世界に提供され、直接対面しない人たちとのあいだで容易に共有されるものとなる。また、知識は、かつてのような専門家が専有するものではなく、さまざまな組織・団体・個人が日常的に活動したり経験・思考したりして産み出すものまで、その射程を拡げて理解されるようになっている。たとえば、政府や学校、企業、NPOなどのさまざまな組織や団体が、活動報告や、考えたこと、議論したことなどを次々と文書としてまとめ、インターネット上で情報発信するものがそうである。一般の人びとも、個人的な考えや関心を、何の制約もなしに情報発信している。そのなかには、きわめて個人的な情報もあるが、専門家顔負けの情報もある。玉石混淆ではあるが、情報を受け取る者の見識や欲求、価値に見合えば、従

来専門家から受け取ってきた知識に匹敵する価値ある情報ともなる。以上のような状況は、情報コミュニケーション技術の発達が、知識を専門家の専有を超えて、グローバルに提供され、人びとに共有される情報とならしめたことを示唆するものである。

　今や人びとの多くは、知らない知識や必要な知識を前にして、本や雑誌を買ったり図書館へ行って調べたりするのではなく、GoogleやYahooなどの検索機能を利用して、インターネット上にある資料や情報から知識を得る。あるいは、会ったこともない人にインターネット上で質問や相談をし、問題を解決したりする。本を読まなくても、誰かが読んだ本や論文のまとめがインターネット上にあったりして、ちょっと必要な知識や考えを得るだけならば、それで十分間に合ったりする。情報コミュニケーション技術の発達は、知識を獲得したり共有したりする人びとのコミュニケーション手段を変え、これまでとは異なる社会的ネットワーク構築を促し、結果として、日常の生活レヴェルのことまで含めて（たとえば、ある目的地への行き方、ある料理の作り方など）、新たなる知識やイノベーションを創出しているのである。そして、このようなことが、人びとの仕事やさまざまな対人関係・家族・暮らしや人生の構造と機能を抜本的に変えているのである。

　問題は、このような情報コミュニケーション技術の発達による社会の変化が、大学や大学教育にどのような影響を及ぼしているかということである。つまり、専門家としての大学人（大学教授）を抱え、新しい知識の創出や伝達、継承といった研究や研究者養成の場を提供する。その活動に必要な実験室や研究設備、専門性の高い本や雑誌を図書館に所蔵する。その上で、知識を学生に伝えるという意味での教育をおこなう。そのような、まさに知識の総本山であった大学・大学教育に、社会の変化はどのような影響を及ぼしているのか、ということである。

　吉見（2011）は、この状況を、「今日、インターネットのグローバルな普及を前提に、私たちの知識の蓄積や流通の最も重要な基盤は書棚や図書館の書物からネット上のデータベースやアーカイブに移りつつあ」（p.247）ると述べ、このような社会を「検索型の知識基盤」社会と特徴づける。そして、イ

ンターネット上にあるデジタル化された知識がいつでも、どこでも検索によって得られる状況に、これからの大学はうまく対応していけるのか、と深刻に問いかける。それは、グーテンベルクの印刷術が、大量の知識の流通、人びとが都市から都市へと新しい知識を求めて旅をせずとも、居ながらにして遠方の知識を手にすることができるようになった、結果としてそれまでの口承や手書きの文化を刷新するに至った、あの16～18世紀の状況に似ている。その新たな知識の生産方式は、近世以前の大学を駆逐し、現在の近代の大学を登場させたのであった。

その吉見に言わせれば、検索型の知識基盤社会の到来は、大学や大学教育に影響を及ぼすなどとそんな悠長な話ではなく、大学それ自体の存続や、研究・教育の機能・社会的役割を深刻に問い直すものである。ここでは、大学の研究機能や専門家としての大学教授の役割は横に置き、本書のテーマである大学教育にとって、この問題をどのように受け止めればいいのかを考えたい。

この問題に対する筆者の回答は、先に述べた学習パラダイムへの転換・推進にある。第2章第1節(2)でまとめたように、学習パラダイムは、「教員から学生へ」「知識は教員から伝達されるもの」「プロダクト」を特徴とする伝統的な教授パラダイムからの転換を指すものであり、「学習は学生中心」「学習を産み出すこと」「知識は構成され、創造され、獲得されるもの」「プロセス」「変化」を特徴とするものである。

プロダクトとしての知識は、検索型の知識基盤社会においては、インターネット上からいつでも検索の上、獲得することができるので、大学教育では、知識の習得よりもむしろ、「知識は構成され、産出され、獲得されるもの」「プロセス」「変化」を特徴とする学習活動に重きを置くことになる。そして、アクティブラーニングは、この学習パラダイムを、授業(教室)内外での学生の学習のしかたとして具現化するものである。もちろん、学習パラダイムの推進が、知識の習得を軽視するわけでないことは、第1章第2節(3)で述べたとおりである。どんなに学習パラダイム・アクティブラーニングが推進されようとも、大学授業における講義パートは決してなくならないというのが、

筆者の考えである。また、知識はものを考える、社会や自然、人びとの暮らしなどを知ったり理解したりする上で欠かせないものであるし、専門性を深めていく上で必要であることは言うまでもないことである。そして、いくらインターネット上で検索をすれば、知識はいつでもどこでも得られると言っても、その知識を得るときの人の観点、準拠枠 (frame of reference) に知識が絡んでいるということもある。知識がなければ、知らないことは見えないし、検索しようとは思わない。インターネット上で得られる知識は玉石混淆であり、得られる知識がどの程度信頼できるものかを見定めるためにも、一定程度の知識は必要となる。どのように考えても、知識の習得を軽視する学習パラダイムやアクティブラーニングというものはあり得ない。

また、学習パラダイムはアクティブラーニング以上のものであり (第2章第1節(2)を参照)、それは、教授学習を取り巻く制度・思想・実践・環境のあらゆる側面に言及するものである。したがって、アクティブラーニングだけで、検索型の知識基盤社会に対応していくのだ、とそこまで主張しているわけではない。大きくは、アクティブラーニングをはじめとする学習パラダイムにもとづいて大学教育のさまざまな側面を改革していかなければならない、という主張である。

(5) 求められる情報・知識リテラシー

それでは、検索型の知識基盤社会がアクティブラーニングに突きつける現代課題とは、どのようなものなのだろうか。それは、「情報・知識リテラシー (information and knowledge literacy)」とでも呼ぶべきものを身につけることと考えられる。ここでは、情報・知識リテラシーを、「情報リテラシーを基礎としつつ、知識を創出・活用・マネジメントする能力のこと」と定義しておく。

情報・知識リテラシーは、検索型の知識基盤社会を前提とするので、その意味で、情報リテラシーを基礎としている。情報リテラシーは、藤田 (2007)、ミシュラ (Mishra, 2013) などを参考にして、「情報を収集・検索・選択・共有・マネジメント・活用・編集・発信する能力のことであり、それらの作業

を効果的・能率的に進めるための認知的な処理能力(知覚・記憶・言語・思考[論理的／批判的 創造的思考・推論・判断・意思決定・問題解決など])(第1章第2節(2)を参照)を伴うもの」と定義しておく。情報・知識リテラシーは、このような情報リテラシーを基礎としつつ、

1. 情報を受け手の知識世界に位置づけ、行動に影響を及ぼす、意味ある知識とする(情報の知識化)
2. 知識を身のまわりで起こっている社会や自然を理解するために、あるいは問題解決場面で活用する(知識の活用)
3. 他者に知識を伝えたり、他者の持つ知識とすり合わせて統合したりすること(知識の共有化・社会化)
4. 知識世界を整理・関連づけ・グルーピングすること(知識の組織化・マネジメント)

の諸能力を指す。いずれも知識をより深く、ダイナミックに理解する、より我がモノ化するための能力だと言えるものである。梅本(2006)は、ナレッジ・マネジメントが知識の創造・共有・活用によって価値を創造するものであるとし、それが企業経営のみならず、医療や行政など、さまざまな分野に応用できるものだと述べる。それは、筆者の用語を使用して、人びとは、情報・知識リテラシーを身につけることで、仕事や生活等を含めた検索型の知識基盤社会を力強く生きていくことができると言い換えられる。

アクティブラーニングの結果、育成されるべき思考やコミュニケーションなどの技能・態度(能力)も、より正確には、情報・知識リテラシーが育成されると言い換えられるべきである。アクティブラーニングのプロセスに対人関係やチームワークが絡む場合でも、アクティブラーニングの目的が対人関係やチームワークの力を育てることにあるわけではないし、たとえ育てられることがあったとしても、それはより間接的なものであるし、不完全なものである。直接育てるのは、情報リテラシーや知識の活用やマネジメント、すなわち情報・知識リテラシーである。以下、それぞれの能力が指すものについて簡単に見ていく。

情報の知識化

　情報や情報技術の発展は、なにも近年になって始まったわけではなく、1960年代にまでさかのぼるとさえ言われる(今村, 2011)。情報を知識化する作業も、その意味では、近年になってはじめて求められるようになったものではない。しかしながら、ICT、それを支えるさまざまなハードウェア・ソフトウェアが急速に発展した今日においては、莫大な情報が私たちの仕事や生活世界を常時覆い、私たちは、その莫大な情報から何を得て、何をわれわれの仕事や生活をしていく上での知識としていくのか、それまで持っていた知識とどのように違うのか、どのように関連づけられるのか、といった作業を、かなりの頻度でおこなわざるを得なくなっている。情報の知識化とは、このような、情報を受け手の知識世界に位置づけ、意味ある知識とする作業のことである。

　知識基盤社会を前提としたビジネスは、ナレッジ・マネジメントとして展開しているが(野中・竹内 1996; 野中・梅本, 2001)、ナレッジ・マネジメントは「ナレッジ(知識)」という言葉を使いながらも、実際には知識に関わるデータや情報、知恵の概念も対象としている。梅本(2006)によれば、人が作り出した信号あるいは記号(文字・数字)の羅列がデータで、それを分析することによって抽出される断片的な意味が情報である。そして、行為につながる価値ある情報体系が知識であり、実行されて有効だとわかった知識のなかでも、とくに時間の試練に耐えて生き残った知識が知恵である。データを情報に、情報を知識に、さらに知識を知恵に変換する作業こそがナレッジ・マネジメントである(**図2-3**を参照)。

　情報の知識化において、もっとも重要となるポイントは、情報と知識との差異を理解することである。知識の定義は古代よりさまざまなものがあるが、基本的には、「知ること」を原義とするものである。後は、その「知ること」をどのようなテーマや文脈で使用するかによって、細部や拡がりの異なる多様な定義が生まれてくる。ここでは、情報に対しての知識の定義が求められていると考える。

　犬塚(2012)は、大量の情報を得る、アクセスするだけでは、情報は知識

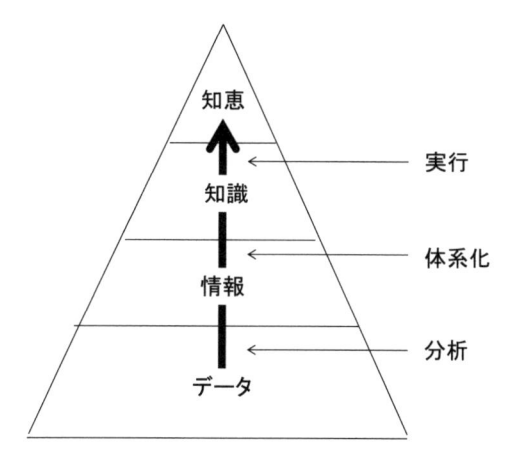

図2-3　ナレッジ・マネジメントにおける知識の関連概念

(注) 梅本 (2006)、p.54より抜粋

に転移されないと説く。もし、情報＝知識であるならば、大量の情報がウェブ上にあり、誰でもどこからでもウェブにアクセスできる環境が実現している今日において、人びとの知識志向性はとっくに高まっているはずである。しかし、実際にそうなっていないのは、見てのとおりである。

　下嶋 (2008) は、情報と知識との差異は、第一に、主体の存在があるかないかにあると説く。つまり、情報は主体に関係なく発信されるものを指すが、知識はその情報を誰が持っているものかという、主体の存在を必要条件とする。しかし、この条件だけで、情報と知識とを明確に分別できるわけではない。「私はその情報を持っている」という言い方ができるからである。「私はその情報を知っている」と言うと、混乱を招くかもしれないが、「私はその情報を持っている」と「私はその情報を知っている」は、ほぼ同じ意味である。ここが、「知ること」だけで知識を定義できないところであり、情報に対しての知識の定義がより明確に求められるところでもある。情報と知識を分別するために、少なくとももう1つの条件が加えられなければならない。下嶋が、情報と知識とを分別するものとして加える第二の必要条件は、それが行動の統制にまで及ぶものか否かということである。つまり、単に情報を持っ

ているだけ、知っているだけで、行動に影響を及ぼさないものを知識とは呼ばないという考え方である。先の梅本(2006)も、情報はデータを分析することによって抽出される断片的な意味であり、知識は、行為につながる価値ある情報体系であると定義する。梅本もまた、行動へ影響を及ぼすものを知識と見なす。

以上をふまえると、情報の知識化とは、情報を個人のものとしつつ、個人の知識世界に位置づけ、行動に影響を及ぼす、意味ある知識のことであるとまとめられる。

知識の活用

本書では、情報や知識を扱う能力が一部の専門家のために必要だという話をしているわけではなく、誰にとっても検索型の知識基盤社会を生きていく上で必要だという話をしている。ここには、情報や知識が、身のまわりで起こっている社会や自然の現象を理解するために、あるいは仕事や生活、人生におけるさまざまな問題解決場面で活用されてこそのものである、という含意がある。

しかし、日本の学校教育では、概して、知識の習得には力を入れてきたものの、知識の活用には消極的であったという経緯がある。中等教育レヴェルでは、それはOECD_PISA (OECD生徒の学習到達度調査) の調査によって、象徴的に示されたと言えるかもしれない (岩川, 2005)。2003年・2006年調査結果における、調査参加国のなかで順位の低下や、あるいは2009年調査での順位の回復が、広い意味での学力の低下、回復を示すものなのかどうかは別として、少なくとも、いわゆるPISAリテラシー (読解力、活用、思考力・判断力・表現力) と呼ばれる、ここで言うところの知識の活用能力の育成が、PISAの結果、ひいてはその後の教育実践で大きな問題として受け止められていることは確かである (松下, 2011; 皆川, 2013)。

大学においても、アクティブラーニングの考え方がこれだけ広まりながらも、そして、個別に見ればずいぶんとアクティブラーニングの実践が豊かに展開しているように見えながらも、国全体で見れば、依然と知識伝達型講義、知識の習得としての学習が支配的であるという実情がある。まずは、最広義

でいいので、アクティブラーニングを多くの大学・教員が実現していくこと、実現できるようになれば、そのアクティブラーニングのなかに知識の活用を育てるような実践的観点や授業デザインが、どのように、どの程度組み込まれているかなどを検討していくことが求められよう。アクティブラーニングに関する構図Aから構図Bへの移行(第2章第1節(1)を参照)が求められる。

知識の共有化・社会化

　ここでは、他者に知識を伝えたり、他者の持つ知識とすり合わせて統合したりすることを、知識の共有化・社会化と呼ぶ。先に紹介した公共圏コミュニケーションは、ここでの問題である。

　松尾(2006)は、ビジネスの世界で、自己と他者、自己と社会への関心のバランスを取ることが重要だと述べる。他者と学ぶ・問題解決をすることは、自分が持っていない新たな知識を得ることや、自分が持っていなかった新たな視点に気づくことにつながる。また、協働で作業をした結果、他者から信頼されたり賞賛を受けたりして、それが次の学びへの動機づけともなる。このような他者や集団・社会のなかで自己が意味を持つという心理社会的なダイナミズムは、古くデューイが経験を高める要素として挙げた「相互作用(interaction)」とつながるし(デューイ, 2000)、エリクソンの自己定義(私とは何者か)が確信につながるために必要な「心理社会的アイデンティティ(psychosocial identity)」ともつながる(Erikson, 1959, 1963)。学習を含めて、人のあらゆる行為を社会化させていく基本原理だと言えるものである。

　先に紹介した田島(2013, 2014)の「共創的越境」もまた、ここで言うところの知識の共有化・社会化の重要性を説くものである。田島が挙げる一つの事例は、日本の熟練技術者が現地でタイ人労働者に技術指導をおこなう際に、自らの技術を説明する言葉を十分に持っていなかった、というものであった。ポラニー(1980)の有名な暗黙知(tacit knowledge)・形式知(formal knowledge)で言い換えると、日本の熟練技術者は、熟練技術者同士で明示的に語られなくとも理解される暗黙知としての専門知識や技術は持っているものの、その専門知識や技術が、それを共有しない他者や集団に理解されるもの、すなわち、形式知となっていないため、説明がタイ人労働者に十分に伝わらないこ

とになる。その結果、日本人技術者はタイ人労働者から、「教え方が下手だ」「文書やモデルで説明して欲しい」という不満をいただくことになる。田島は、このような事例をいくつも挙げて、共有知を持たない他者や集団との共創的越境がいま社会のさまざまな場面で問題となっていること、ひいてはそれを大学教育や学習のなかに取り込んでいく重要性を提起している(富田・田島, 2014)。

さらに言えば、異文化の他者への接近が日常的になってきている現代社会において、個人の意見や立場を、強く他者や集団・組織で呈示しない日本の集団主義的な、和の文化的精神が根深く影響を及ぼしているという、文化的条件も考えられなければならないだろう。今後、そのような文化的条件も考慮して、知識の共有化・社会化としての情報・知識リテラシーがますます求められるようになると考えられる。

なお、アクティブラーニングの多くは、グループ学習や他者とディスカッションを伴うものが多いので、それらは、必然的に知識の共有化・社会化をはかっていると言える。

知識の組織化・マネジメント

知識習得のための学習、情報の知識化をはじめとして、あらゆる知識の習得は、個人の知識世界を豊かにするものである。しかしながら、その習得される知識は、既存の知識世界のなかで位置づけられて、整理されなければ、一つ一つの知識は理解されても、大きくは何を理解しているかよくわからないという事態に至ってしまう。知識の活用や知識の共有化・社会化を経て、関連する知識が習得・蓄積されればされるほど、この作業は必要となる。ここでは、このような知識の整理作業を「知識の組織化・マネジメント」と呼び、具体的には、知識の整理・関連づけ・グルーピングの作業を指すものとする。

組織化された知識を持つことの重要性を、犬塚(2012)は、知識の豊かな醸成と呼んで説いている。すなわち、豊かで醸成した知識を持つ熟達者は、ある問題状況や現象を考えるとき、幹をしっかりおさえながら枝葉を見る。それに対して、醸成された知識を持たない学習者は幹しか知らないし、その幹もしっかりと醸成できていないから、枝葉を見ようとしても、ノイズばか

りを拾ってしまう。こうして、豊かで醸成した知識を持つ熟達者は、そうでない学習者に比べて、多くの点に注意を払いながらも、全体の意思決定のスピードははやいという能力を示す。犬塚は、どのようにして知識が豊かに醸成されるのかのプロセスについては説明していないが、それは知識習得のための学習、情報の知識化をはじめとして、習得された知識が、既存の知識世界のなかで位置づけられて、整理される作業を繰り返す他はないのだと考えられる。

　知識の組織化・マネジメントの重要性は、大学教育のなかでも同様に説かれている。たとえば、井下（2008, 2010）は、アカデミックライティングの指導を通して、学習内容を既有知識や経験と結びつけること、ひいては、知識を自身にとっての意味あるものとして構造化・再構造化することを目指している。また、松下（2010b）は、社会に必要な能力を育てるための学習法として、「unlearn（アンラーン）」を説く。unlearnとは、習得した知識をただ蓄積するのではなく、新たな状況や課題へ適応するべく、それらをいったん解体し、必要な知識を取り出して、新たな知識世界を再構造化することを指す。それは、learn－unlearn－relearnのプロセスとも言えるものである。松下（2014）によれば、このようなunlearnは、現代社会の激しい変化に適応し続けるための方略であり、それはここでの用語を用いて、知識の組織化・マネジメントの一技法と見なせるものである。

第3章　さまざまなアクティブラーニング型授業

第1節　アクティブラーニング型授業の技法と戦略

(1) 技法と戦略の概念的区別

　アクティブラーニング型授業の技法は、その一つである協同学習だけを見ても200以上あると言われる。バークレイほか (Barkley, Cross, & Major, 2005) では、そのうちの30の技法が、**表3-1**のように紹介されている (同様の技法や工夫の紹介はJohnson & Johnson [2005]、Kagan [1989]、Robinson [2000]、杉江 [2011] にも見られる)。

　他方で、問題を提示することから授業が始まり、問題を解決するために、必要な知識を調べたり学ぶべき内容を見定めたりしながら学習を進めていく「PBL (Problem-Based Learning)」というものがある。あるいは、学習課題や語彙、主張を予習として理解させ、教室ではミーティングとして、学習課題の理解を学生同士で確認したり、議論を通して、他の知識や自己との関連づけをはかったりして理解を深めていく「LTD話し合い学習法 (Learning Through Discussion)」というものがある。このようなPBLやLTD話し合い学習法も、第1章第2節(2)で見た、一方向的な知識伝達型講義を脱却する文脈で開発されてきたアクティブラーニングの一つであり (Albanese & Mitchell, 1993; Bernstein, et al., 1995; レイボウほか, 1997; Willis, et al., 2002; 安永, 2006)、アクティブラーニング型授業の技法と呼ばれるものである。

　しかし、同じ技法という言葉を用いていても、PBLやLTD話し合い学習法は、表3-1で示されるような、授業1コマ (90分) のなかの部分的な学習法

表3-1　さまざまな協同学習の技法

カテゴリー	No	技法名	技法の概要
話し合いの技法	技法1	思考・ペア・シェア	少しの時間、個人で考える。その後、パートナーと話し合い、お互いの回答を比較する。その後、クラス全体で共有する。
	技法2	ラウンドロビン	ひとりずつ順番に自分の考えを話す。
	技法3	バズグループ	科目内容に関連した質問を小グループで話し合う。
	技法4	トーキングチップ	グループの話し合いに参加し、話すごとにトークンを提出する。
	技法5	三段階インタビュー	ペアでお互いにインタビューし、パートナーから学んだ内容をほかのペアに報告する。
	技法6	批判的ディベート	ある問題について、自分とは異なる立場から議論する。
教え合いの技法	技法7	ノートテイキング・ペア	パートナー同士でそれぞれがとったノートを見せ合い、より良いノートをつくる。
	技法8	ラーニングセル	読書課題やほかの課題について、自ら考えた質問をパートナーにおこない、お互いに小テストをする。
	技法9	フィッシュボウル	同心円を作り、内側の学生があるトピックについて話し合いをし、外側の学生はその話し合いを聞き、観察する。
	技法10	ロールプレイ	自分と異なる人物を想定し、ある場面でその人物の役割を演じる。
	技法11	ジグソー	ある話題について知識を学び、他者にその知識を教える。
	技法12	テストチーム	グループで試験勉強をし、一人ひとりで試験を受けた後、同じグループで再度試験を受ける。
問題解決の技法	技法13	タップス（TAPPS:Think-Aloud Pair Problem Solving）	パートナーに対して、自分の思考過程を声に出しながら問題を解決する。
	技法14	問題解決伝言ゲーム	グループとして一つの問題を解決する。次に、その問題と解決案を隣のグループに送り、次々にこれを繰り返していく。最後のグループが解決案を評価する。
	技法15	事例研究	現実世界の出来事を検討し、そこにあるジレンマの解決策を考える。
	技法16	構造化された問題解決	問題解決のための構造化されたフォーマットにしたがう。

カテゴリー	No	技法名	技法の概要
	技法17	分析チーム	批判的に文章課題を読み、講義を聴き、ビデオ視聴する際、メンバーはそれぞれの役割と課題を担う。
	技法18	グループ研究	より深い研究プロジェクトを計画・実施・報告する。
図解の技法	技法19	似たもの同士をまとめる	アイディアを考え、共通のテーマを見つけ、アイディアを並べ替え、まとめる。
	技法20	グループグリッド	ひとまとまりの情報が与えられ、カテゴリーにしたがって、グリッドの空いたセルに挿入する。
	技法21	チームマトリックス	定義に用いる重要な特徴の有無をチャートで確認して、類似した概念を区別する。
	技法22	シークエンスチェイン	一連の出来事や行為、役割や決定を分析し、図解する。
	技法23	ワードウェブ	関係したアイディアのリストを作り、それらを図解し、結びつきを示す線や矢印を書き、関係性を見出す。
文章作成の技法	技法24	交換日誌	日誌に自分の考えを書き、ペアで交換し合ってコメントや質問を書く。
	技法25	ラウンドテーブル	与えられたテーマに対する回答や語句を短い文章で紙に書き、次の人に渡す。渡された人も同じことをおこなう。
	技法26	ペアレポート	レポート用の質問と、その質問に対する模範解答を作成する。質問をペアで交換し合い、その質問への回答を書いた後で、模範解答と比較する。
	技法27	ピアエディティング	パートナーが書いた小論文やレポート、議論、研究論文などを批判的に読み、校正を加えながら論評する。
	技法28	協調ライティング	グループでフォーマルな原稿を書き上げる。
	技法29	チーム資料集	グループで批評しながら、科目に関連する課題図書用の資料集を作成する。
	技法30	論文プレゼンテーション	論文を書き、その論文のプレゼンテーションをおこなう。グループの中から選抜された数名の学生により公式な批評を受け、グループ全体で論文に対する総合的なディスカッションをおこなう。

(注) Barkley, Cross, & Major (2005) から、バークレイほか (2009)『協同学習の技法―大学教育の手引き』(安永悟監訳) ナカニシヤ出版 を参考に翻訳・作成。

というよりかは、それらを組み合わせて1コマの授業デザイン（class design）として、あるいは学期（15回）を通してのコースデザイン（course design）として考えられているものである。それは、システムとしてデザインされた授業やコースとも言えるものである。システム（system）とは、部分的な要素同士が有機的に連関し合って、全体として機能しているときに用いられる言葉である。

ここでは、フィンク（Fink, 2003）にならって、表3-1のものを、授業の、あるいはアクティブラーニング型授業の「技法（technique）」と呼び、PBLやLTD話し合い学習法のような、授業・コースデザインになるものとして多かれ少なかれパッケージ化されているものを「（アクティブラーニング型授業の）戦略（strategy）」と呼んで区別しよう。戦略には、戦争に勝つための、あるいは組織を運営していくための総合的・長期的な一連の計画・方略という意味がある。

技法や戦略を概念的に厳密に区別し始めると、「ツール（tool）」も区別の対象として絡んでくる。ツールとは、たとえば、パワーポイントや電子掲示板、クリッカー、SNSをはじめとするICT、あるいは大福帳や何でも帳などを指し、教授学習を技法化する道具や手段のことである。言うまでもなく、ツール＝技法ではない。しかし、論が細かくなりすぎるので、以下ではツールだけで表記する場合でも、それは「ツールを使用した技法」というように解釈して、技法扱いしていくことを、ここで断っておく。

(2) 三つのタイプのアクティブラーニング型授業

表3-2は、これまでの議論をふまえて、それにアクティブラーニング型授業の技法と戦略とを重ねて整理したものである。

まず、学習の形態である「受動的学習」と「能動的学習」の区分は、第1章第2節(2)で述べたように、アクティブラーニングの基本的定義に関わるものである。教員から学生への一方向的な知識伝達型講義における学習を、受動的学習だと操作的に定義するのがアクティブラーニング論の大前提なので、それをタイプ0として、それ以外のタイプを、アクティブラーニング型授業

表3-2 アクティブラーニング型授業のさまざまな技法と戦略

タイプ	タイプ0	タイプ1	タイプ2	タイプ3
学習の形態	受動的学習	能動的学習	能動的学習	能動的学習
構図A／B	—	構図A	構図B	構図B
主導形態	教員主導型	教員主導・講義中心型	教員主導・講義中心型	学生主導型
伝統的講義に対するアクティブラーニング型授業としての戦略性	—	低	中〜高	高
技法・戦略	●話し方(声の大きさやスピード) ●板書のしかた ●パワーポイントのスライドの見せ方 ●実物やモデルによる提示	●コメントシート／ミニッツペーパー(大福帳／何でも帳など) ●小レポート／小テスト ●宿題(予習／演習問題／e-Learningなど) ●クリッカー ●授業通信	●ディスカッション ●プレゼンテーション ●体験学習	●協同・協調学習 ●調べ学習 ●ディベート ●LTD話し合い学習法 (Learning Through Discussion) ●ピアインストラクション (Peer Instruction) ●PBL (Problem-Based Learning) ●PBL (Project-Based Learning) ●チーム基盤学習 (TBL: Team-Based Learning) ●IBL (Inquiry-Based Learning) ●ソクラテスメソッド ●ケースメソッド (Case-Based Teaching/Instruction) ●発見学習 (Discovery Learning) ●ピアラーニング (Peer Learning) ●FBL (Field-Based Learning)／フィールドワーク ●加速度学習 (Accelerated Learning) ●BLP (Business Leadership Program)

(注)構図A／Bは第2章第2節(1)を参照のこと。

のタイプ1〜3とする。

　次に、アクティブラーニング型授業は、第2章第2節(1)で論じたポジショニングの違いから、構図Aと構図Bに分別される。構図A(タイプ1)は、タイプ0の脱却に注力するので、コメントシートや小テストなどを採り入れて、受動的学習を若干脱却する程度の、比較的教員主導・講義中心型の授業が多くなる。しかし、同じ教員主導・講義中心型のなかにも、構図Bを採って、話す・発表するといった活動を構造的に授業デザインに組み込み、アクティブラーニング型授業の戦略性を高めているものがある(タイプ2)。筆者が見てきた限りでは、教員主導・講義中心型の授業でも、そこに話す・発表するなどの活動を組み込んでいけるかは、アクティブラーニング型授業を発展させる大きな分岐点であるように思われる。

　他方で、構図Bを採り、学生主導型を徹底するアクティブラーニング型授業(タイプ3)がある。学生主導型であることが授業の形式なので、たとえ授業デザインのなかに講義パートが組み込まれている場合でも、それを伝統的な講義・演習型授業といった分類カテゴリーにもとづいて、講義型授業と呼ぶのは不適切である。このタイプ3の授業においては、もはや講義型授業・演習型授業といったカテゴリー自体がナンセンスである。タイプ3の授業は、授業・コースデザインがパッケージとして構造化された、戦略性の高い「LTD話し合い学習法」「PBL(Problem-Based Learning)」「チーム基盤学習」などであることが多いが、必ずしもそうした名称を伴う必要はない。

　図3-1に、アクティブラーニング型授業が採り得る学生の学習活動を、①個人―集団の活動(池田・舘岡, 2007; 安永, 2006)、②教室内―教室外活動(Fink, 2003)で整理している。戦略性の高い学生主導型のアクティブラーニング型授業(タイプ3)の多くは、①②すべての象限の活動を構造化してデザインされている。もちろん、コースの性質や目的によってその組み合わせは多様であり、LTD話し合い法やPBL、チーム基盤学習なども、そうした組み合わせによって、戦略性を特徴づけているだけである。

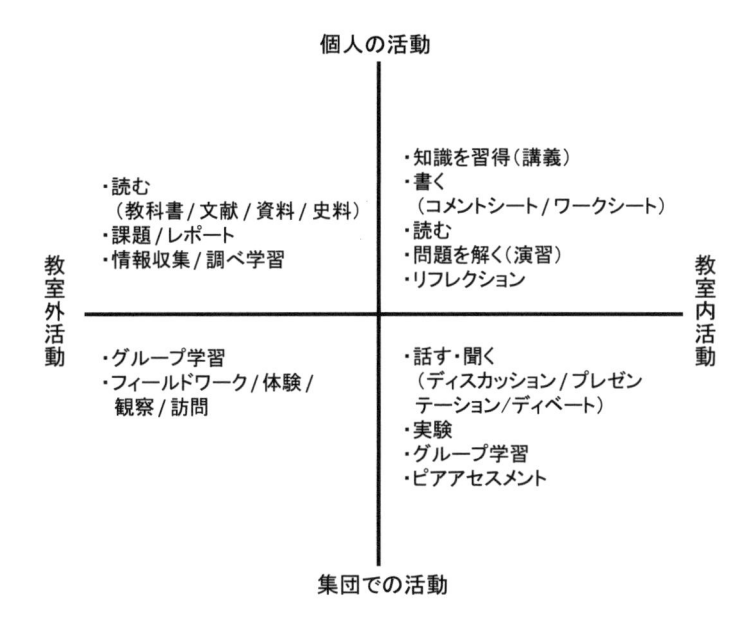

図3-1 アクティブラーニング型授業における学生の学習活動

（縦軸上：個人の活動／縦軸下：集団での活動／横軸左：教室外活動／横軸右：教室内活動）

- 左上（個人・教室外）
  ・読む（教科書／文献／資料／史料）
  ・課題／レポート
  ・情報収集／調べ学習

- 右上（個人・教室内）
  ・知識を習得（講義）
  ・書く（コメントシート／ワークシート）
  ・読む
  ・問題を解く（演習）
  ・リフレクション

- 左下（集団・教室外）
  ・グループ学習
  ・フィールドワーク／体験／観察／訪問

- 右下（集団・教室内）
  ・話す・聞く（ディスカッション／プレゼンテーション／ディベート）
  ・実験
  ・グループ学習
  ・ピアアセスメント

第2節　アクティブラーニング型授業の実際

　ここでは、タイプ3のアクティブラーニング型授業の一例として、「ピアインストラクション」を取り上げ、アクティブラーニング型授業の実際を紹介するとともに、それらの戦略性について概説する。

(1) ピアインストラクション

　ピアインストラクション（Peer Instruction）は、ハーバード大学の物理学者エリック・マズール（Eric Mazur）によって提唱されたアクティブラーニング型授業の一つである（Mazur, 1997）。初修物理学の授業で、その特徴は、学生に教科書の予習をさせ、クリッカーを用いてのConcepTest（Concept＋Testを組み合わせたマズールの造語）と呼ばれる物理学の概念理解の問題（概念テスト）への解答（投票）とピアディスカッションを通しての再投票という一連の手続

きにある。100人を越える大人数の授業、物理学や化学をはじめとする理科系の専門基礎科目でも実施が可能である。ピアインストラクションは、日本の大学・高校の物理教育で積極的に紹介、ひいては実践されており、紹介文献（レディッシュ, 2012; 蒋, 2014）や実践報告（兼田・新田, 2009; 新田, 2011）もある。

　筆者も、主に1年生を対象とした全学共通科目「自己形成の心理学」の授業（受講者225名）で、ピアインストラクションを2012年から導入している。予習としてテキストを読んでくること、クリッカー問題（マズールで言うところのConcepTestに相当するもの）をパワーポイントスライドで示して投票させ、その結果をもとにピアディスカッションをさせ、再投票させる手続きは、マズールのものとほぼ同じである。

　心理学を専門としない学生が多く含まれる、いわゆる教養系の授業なので、マズールのConcepTestのように、すべてのクリッカー問題を正解のある概念テストとして作成することができないのは、当然のことだと考えている。予習確認の問題（図3-2の左スライド）や導入として理解の程度を問う問題、復習問題は、マズールのConcepTestに近いものだが、私の授業では、学界でもまだ一定の見解が見いだされていない応用問題（図3-2の右スライド）も作成・使用している。この種の応用問題では、回答はどの選択肢を選んでもかまわないが、なぜその選択肢を選んだのかの根拠を他の学生に説明すること

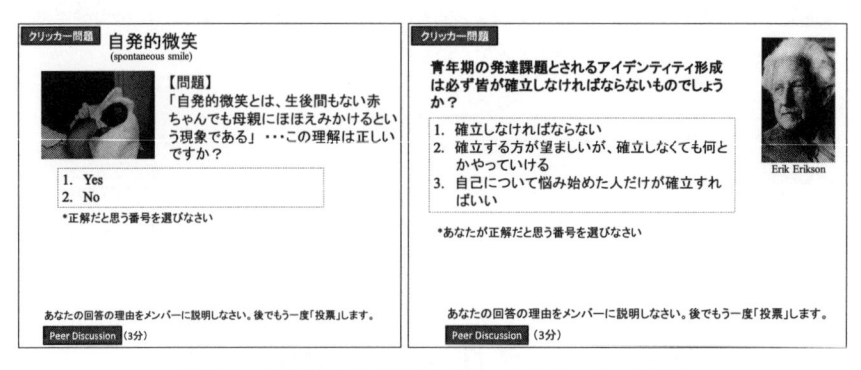

図3-2　自己形成の心理学で用いたクリッカー問題
　　　（左：予習確認の問題　　右：正解のない応用問題）

が重要であると、学生には説明される。また、2012年の授業では、マズールにならって、クリッカー問題の選択肢を4〜5個で作成したが、200人近くの学生がスライドをしっかりと読んで理解するのにあまりに時間がかかること、短い時間で実施すると、よく読めていない学生がいて正解率が低くなること、などの結果を受けて、2013年は、問題部分にできるだけ概念的理解を入れるようにして、選択肢は"YES""NO"の二択と簡単な形式に修正した。知識や学習内容をしっかりと理解することも学習目標の一つであるが、いわゆる教養系の授業でもあるので、正解はなくても、学習した知識をもとに心理現象について自分の頭で考え理解しようと努めることも学習目標の一つとしており、クリッカー問題の作成にはそのような学習目標を反映させている。このあたりは、マズールや物理学などの専門基礎科目の授業とは異なる点である。

　授業の雰囲気を、図3-3と図3-4に示す。クリッカーは、テレビのリモコンのような手のひらサイズのものであり、200人大教室の最後部からボタンを押しても、信号は問題なく筆者のPCに受信される。図3-3左の写真のように、教室前方（スライド側）に向けなくても、たとえ後ろ向きに教室後部に向かってボタンを押しても、席の下で隠すように押しても、信号は筆者のPCに受信される。写真は、それでは雰囲気が出ないのと、マズールのピアインストラクションの授業風景で、このような写真が紹介されていたこととで、学生たちには申し訳ないが、やらせで一瞬やってもらった。もっとも、

図3-3　「自己形成」の心理学の授業風景1
（左：クリッカー問題への回答　右：クリッカーでの回答結果のフィードバック）

図3-4 「自己形成の心理学」の授業風景2(ピアディスカッション)

写真を見て個人的に思うことは、学生たちがこのやらせに乗ってくれる教室の雰囲気を作れないと、200人相手にピアインストラクションを15回通して実施していくのはとても難しいということである。けっこう準備も大変だし、授業中の気苦労も多く、正直疲れるものである。

(2) ピアインストラクションの戦略性

　マズールのピアインストラクションに戻って、その戦略性について見てみよう。

　マズールのピアインストラクションの授業戦略は、JiTT (Just-in-Time Teaching) と呼ばれる方法を用いてのテキストの予習と、ConcepTest・ピアディスカッションを連動させた教授学習のシステム化にある。本章第1節(1)で述べたように、システムとは、部分的な要素同士が有機的に連関し合って機能し、全体として機能しているときに用いられる言葉であるから、ここで「教授学習のシステム化」というのは、JiTTやConcepTest、ピアディスカッションそれぞれの技法を通してなされる教授学習 (teaching and learning) の行為が、単独で意味を持つわけではなく、相互に連関し合ってはじめて意味をなす状態を指す。これを本書では、授業の、あるいはアクティブラーニング型授業の戦略と呼んでいる。

　JiTTとは、ウェブベースでの予習、そこでの理解の結果を反映させての授業運営の方法のことである (JiTTの開発の歴史はRozycki [1999] を参照。また、

開発者として知られるG. Novak, et al. [1999]、Novak [2011] も参照のこと)。学生は、テキストを予習して、ウェブ上の問題に解答して授業に臨むように義務づけられている。この解答結果(情報)は、ウェブシステムを通じて教員に送られ、教員はその日に扱う授業内容について、学生がどの程度予習で理解できているかを授業前に知ることができる。そして、結果次第では、授業でのある部分の説明を豊かにしたり削ったりする。

　マズールは、このJiTTを授業システムのなかに組み込み、学生の事前の理解の程度をもとに、その日の授業を組み立てる(あるいは組み立て直す)。たとえば、皆が理解できている内容、それにもとづくConcepTest(クリッカー問題)をはずし、あるいは軽く確認する程度に実施し、むしろ35〜70％くらいの解答の正誤が分かれるConcepTest(クリッカー問題)に時間を割く。そして、解答の正誤が分かれた後は、学生同士でピアディスカッションをおこない、他の学生に自分の解答やその理由について説明させる。

　ConcepTestとピアディスカッションの組み合わせたピアインストラクションの根幹になる部分の手続きとおおよその使用時間(全体で8〜10分)は、マズールによって**図3-5**のようにまとめられている。ピアインストラクションに入る前に、その学習内容について解説する時間、つまり講義のパートがあるから(7〜10分)、講義＋ピアインストラクションでおよそ15〜20分の一まとまりの授業単位となる。こうして、たとえば1コマ60分授業のなかで、これを3セット(3つの学習内容のまとまり)やれば、それが1コマの授業デザインともなる。

　ちなみに、マズールは、この35〜70％くらいで解答の正誤が分かれるクリッカー問題が良問であり、正解率が低すぎる、高すぎるのは良い問題では

```
1. 問題提示 (1分)
2. 考える時間 (1分)
3. 投票：クリッカーで回答、教員のPCに記録
4. ピアディスカッション (1-2分)
5. 再投票：クリッカーで回答、教員のPCに記録
6. 正解の説明 (2分ちょっと)
```

図3-5　ピアインストラクションの手続きと使用時間
(注) Mazur (1997)、p.10をもとに本書での説明に合わせて作成

ないと述べている。マズールの著書『ピアインストラクション(Peer Instruction)』(Mazur, 1997)には、「ユーザーのためのマニュアル(A User's Manual)」という副題がつけられている。マニュアル本なのだから、どれだけの授業法が解説されているのかと思い本を読み始めると、実はマニュアルに相当する部分はたったの40ページほどで、残りの200ページ近くは、ConcepTestとプレ・ポストの物理学の試験問題集に充てられていることがすぐわかる。筆者は、はじめてこの本を読んだとき、唖然としたことをよく覚えているが、少し考えてみるとなんてことはない。要は、良い問題が学生の良い学習を作る、その方程式を純粋に実践しているだけのことなのである。

(3) 情報・知識リテラシーの観点から見たピアインストラクションの特徴

ここでは、ピアインストラクションのアクティブラーニング型授業戦略を、情報・知識リテラシーの観点から考察しよう。

第2章第2節(5)では、情報・知識リテラシーには、①情報の知識化、②知識の活用、③知識の共有化・社会化、④知識の組織化・マネジメントの4つがあることを見た。筆者の見る限り、マズールのピアインストラクションは、このなかの②と③の情報・知識リテラシーを育てるようにデザインされている(**表3-3**を参照)。②の知識の活用は、**図3-6**に見られるような、ConcepTest(クリッカー問題)の作り方に表れている。つまり、図3-6では、50kgの体重の人が、25kgの足場を持ち上げるときにロープにかかる力の大きさはどのくらいか、というConcepTestが示されている。このほかにも、ビルの上から飛び降りる犯人を銃で撃つときの弾の速度とか、月が地球に落ちてこないのはなぜかなど、自然や日常で起こっている運動や力・エネルギー・重力などの問題から構成されている。これらは、知識の活用に関する

表3-3 情報・知識リテラシー育成の観点から見たピアインストラクション

	①情報の知識化	②知識の活用	③知識の共有化・社会化	④知識の組織化・マネジメント
ピアインストラクション	—	○	○	—

学習である。

③の知識の共有化・社会化は、ピアディスカッションの手続きに表れている。伝統的に理科系の専門基礎科目で課されてきた演習問題は、個人的な作業であり（兼田・新田, 2009）、講義を受けるだけよりは、演習問題を解いて理解を確認するほうが良いのは当然のことである。しかし、ピアインストラクションを用いると、演習問題を解く以上に、自身の理解を他者に伝える、相互に確認する、あるいは、他者の持つ異なる見方や考えを知り、それをすり合わせて理解を深める、といった効果も生まれる。そのことが、知識の共

5. A 50-kg person stands on a 25-kg platform. He pulls on the rope that is attached to the platform via the frictionless pulley system shown here. If he pulls the platform up at a steady rate, with how much force is he pulling on the rope? Ignore friction and assume $g = 10$ m/s^2.

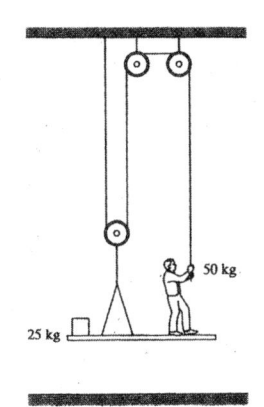

1. 750 N
2. 625 N
3. 500 N
4. 250 N
5. 75 N
6. 50 N
7. 25 N
8. impossible to determine

図3-6　クリッカー問題 (ConcepTest) の例

(注) Mazur (1997)、p.118より許可を得て転載

有化・社会化の力を育てることにもつながる。

　個人の認識や理解が他者との相互作用によって社会的に構成されるという「社会構成主義(social constructionism)」的な観点(Prince & Felder, 2006)から見れば、ピアインストラクションを用いた授業は、クリッカーだけを用いた授業よりも、社会構成の程度がより高いと指摘することができる。つまり、**図3-7左**に示すようなかたちで、たとえばクリッカー問題への解答結果を、教室前で学生たちに即座にフィードバックをする。そこでは、教員と学生たちとの間に双方向性が生まれることは言うまでもないことだが、それだけでなく、学生全体のなかでの自身の理解を知るという、社会構成的な理解が得られるという意義も生まれる。これは、多くの学生が理解できているなかで自分も理解できているのか、あるいは多くの学生は理解できていないが、自分は理解できているのか、といった具合に、個人の理解をいわば社会的に位置づけるプロセスともなっている。このプロセスは、個人の理解を個人内だけで確認する以上のものである。

　ピアインストラクションは、クリッカーを用いた図3-7左の構図に、ピアディスカッションを加える(**図3-7右**を参照)。ここでは、社会構成主義的な知識の社会化(たとえば、他の学生の理解をふまえて自身の理解を位置づける)のみならず、先に述べた知識の共有化(たとえば、他者の持つ異なる見方や考えを知る)も生じる。

　自己が他者との相互作用によってより深く理解されていく自己―他者の相

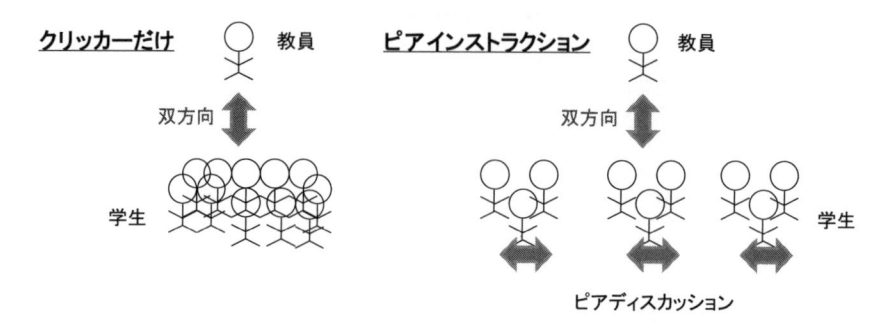

図3-7　クリッカーだけを用いた授業とピアインストラクションを用いた授業の対比

互作用、ひいては自己の形成・発展の観点から見れば（詳しくは溝上，2008, 2014)、**図3-8**に示すように、ピアインストラクションを用いた授業（教員、学生全体、ピアディスカッションをおこなう他の個別学生）は、クリッカーを用いた授業（教員、学生全体）よりも、他者と相互作用をする機会が多い。ひいては、自己の形成がより豊かになされる。他者と相互作用をする機会が多ければ多いほどいいというわけではないが、他者との相互作用の機会が多ければ多いほど、自己形成はより深く、複雑になるとは言うことができる。これを学生の学習に当てはめると、同じ学習内容の理解（正解）に至るとしても、個人内だけで到達する理解のパス（左）と、他者を巻き込んでの理解のパス（中央）、他者をより多く巻き込んでの理解のパス（右）とでは、理解の深さや複雑さが異なることは、容易に理解されよう。クリッカーを用いた授業は、個人内だけでなされる学習理解よりも社会構成的で、理解が深く複雑になる。ピアインストラクションを用いた授業は、クリッカーを用いた授業よりも、もっと社会構成的で、もっと理解が深く複雑になる、このようにまとめられよう。

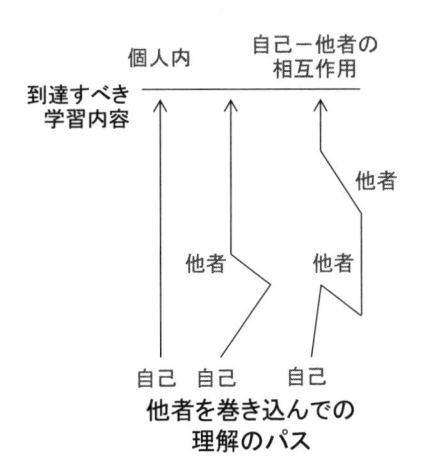

図3-8 自己形成（自己－他者の相互作用）の観点から見た理解の深まり・複雑さ

(4) その他の戦略的アクティブラーニング型授業

LTD話し合い学習法

　LTD話し合い学習法(Learning Through Discussion)は、米国のW. ヒルが1962年に開発したアクティブラーニング型授業の戦略の一つで、小グループによる話し合いを中心に学習を進める協同学習の一つである。日本では、安永悟が1990年代半ばより紹介しており、『討論で学習を深めるためには―LTD話し合い学習法―』(レイボウほか著　丸野俊一・安永悟訳, 1996)や『実践・LTD話し合い学習法』(安永, 2006)など、何冊も専門書・ガイドブックが刊行されている。

　安永(2004, 2006, 2012)によれば、LTD話し合い学習法は、学生が一人でおこなう「予習」と学生同士で話し合う「ミーティング」によって構成されている。話し合い学習法と名づけられているが、LTD話し合い学習法では、ミーティングに先立って個人でしっかり学習課題を予習することが重要であるとされている。「予習せずにミーティングをしてもLTDに期待される効果はえられません」(p.14)と安永(2006)は述べる。たしかに、LTD話し合い学習法にとってグループ学習はもっとも重要な活動であるが、そのグループ学習のなかで、一人ひとりが何を感じ、何を考え、何を学ぶのかもまた非常に重要なことである。そのためには事前の「予習」がしっかりなされなければならない。LTD話し合い学習法は、個を大事にし、個を活かしながらグループ学習をさせる授業法なのであって、グループ学習だけで学習を進める授業法ではないのである。

　LTD話し合い学習法におけるミーティングの授業デザイン(ステップや時間配分など)は、**表3-4**のように示されている。ミーティングにおける「ステップ2：語いの理解」～「ステップ7：課題の評価」は、予習と連動しており、学生はミーティングで、ステップ2～7を進めるべく、予習ノートを作成してこなければならない。たとえば、予習におけるステップ2では、教材で使われている言葉の意味や概念定義を調べたり、まとめたりする。ステップ3では著者の主張を、ステップ4では著者の主張の理由や根拠を読み取り、自分の言葉で言い換えたりしながらまとめる。ステップ5では、これまで学習

したこと、すでに知っていること(既有知識)と関連づけ、ステップ6ではさらに自分自身のこと(過去・現在・未来の自分自身や対人関係、所属集団など)と関連づける。ステップ7では、教材を批判的かつ建設的に評価する。このように、学生は以上のステップに対応した予習ノートを作成してきて、授業では、表3-4に示されるような、ステップ1の導入から始め、ステップ2〜7をグループで学習をして、相互に質問をし合ったり考えてきたことを比べて

表3-4 LTD話し合い学習法におけるミーティングの授業デザイン

段階	ステップ		討論内容	配分時間(計60分)
準備	1	導入	雰囲気づくり	3分
理解	2	語いの理解	言葉の定義と説明	3分
	3	主張の理解	全体的な主張の討論	6分
	4	話題の理解	話題の選定と討論	12分
関連づけ	5	知識の統合	既有知識との関連づけ	15分
	6	知識の適用	自己との関連づけ	12分
評価	7	課題の評価	課題の評価	3分
	8	集団の評価	ミーティングの評価	6分

筑紫看護高等専修学校における
授業「初年次セミナー」

久留米大学文学部における
授業「教育心理学演習I」

図3-9 LTD話し合い学習法の実際

(注)安永悟氏より写真提供

議論したりする。最後は、ステップ8で、ミーティング自体を振り返り、評価をおこない、今後の改善点を出し合って授業が終わる。

　ウィギンズとマクタイ（Wiggins & McTighe, 2005）は、理解（understanding）を、①説明、②解釈、③活用、④観点（perspective）、⑤共感、⑥自己知識の6側面から、まさに理解できると説明している。これをLTD話し合い学習法と重ねると、LTD話し合い学習法のステップ2〜4はウィギンズらの①説明と②解釈に、ステップ6は③活用と⑥自己知識に対応することがわかる。LTD話し合い学習法が、理解の側面をかなり網羅的に扱っていることがうかがえる。

　LTD話し合い学習法を、情報・知識リテラシーの観点から見ると、どのような特徴が見えてくるだろうか。表3-5に示すように、LTD話し合い学習法は、4つの情報・知識リテラシーのうち②③④の育成に関わっていると考えられる。①の情報の知識化は、大量の情報のなかから自身にとって、あるいはある問題の解決にとって必要な情報を収集・選択して、それを個人の知識世界に位置づける、行動に影響を及ぼす、意味ある知識とするという作業（能力）を指すものであって、与えられたテキスト（知識）を理解するという作業（能力）は、情報の知識化とは異なるものと見る。

　情報・知識リテラシーの②③④がLTD話し合い学習法のどこに表れるかを見ると（表3-5を参照）、②の知識の活用は、表3-4の「ステップ6：知識の適用」に表れている。ステップ6は、学習内容を自分自身のこと（過去・現在・未来の自分自身や対人関係、所属集団など）と関連づけるのが基本的作業であるが、この作業は同時に、学習される知識を自分自身の過去・現在・未来（さらには自身の対人関係や所属集団で）で起こったこと・起こっていること・起こるであろうことに適用して理解することを意味している。また④の知識の組

表3-5　情報・知識リテラシー育成の観点から見たLTD話し合い学習法

	①情報の知識化	②知識の活用	③知識の共有化・社会化	④知識の組織化・マネジメント
LTD話し合い学習法	―	○	◎	○

織化・マネジメントは、「ステップ5：知識の統合」に表れている。ここでは、学習内容に関連する知識や連想する知識を書き出し、自身の記憶にある他の知識を絡めての組織化がはかられる。最後に、③知識の共有化・社会化は、LTD話し合い学習法の根幹をなす特徴であって、その構成要素の一つ、「ミーティング」の授業デザインそれ自体に表れている。その意味では、LTD話し合い学習法は、4つの情報・知識リテラシーのなかで、この知識の共有化・社会化にもっとも力点を置いているとも言える。表3-5では、この点を◎で表している。

PBL (Problem-Based Learning)

一般的にPBLと呼ばれるものには、大きく問題解決型 (Problem-Based) とプロジェクト型 (Project-Based) の二種類がある。ここで紹介するのは問題解決型のほうである。「問題基盤型学習」とか「問題に基づく学習」と訳されることもある。

PBLは、1960年代後半、カナダのマックマスター大学メディカルスクールで開発され、その後、ニューメキシコ大学 (米国) やリンブルフ州立大学 (現在のマーストリヒト大学、オランダ)、ミシガン州立大学 (米国)、ニューカッスル大学 (オーストラリア) のメディカルスクールなどで発展した学習法である (Albanese & Mitchell, 1993; Barrows, & Tanblyn, 1980; Camp, 1996; Chan, 2008)。

PBLは40年近くの歴史を持ち、医療系を中心にしながらも、他の専門分野でも広く用いられている、戦略性の高いアクティブラーニング型授業の一つである。さまざまな授業・コースデザイン、戦略が開発されており、PBLと一言で言っても、その実情はかなり多様である。その上で、アルバニーズとミッチェル (Albanese & Mitchell, 1993) にしたがって、PBLを定義するならば、それは、臨床実践において直面するような事例を通して、問題解決の能力を身につけること、基礎と臨床研究に関する知識を習得することと言える。

医療系のPBLのプロセスの一例を示すと、**図3-10**のようになる。段階1では患者と状況に関する問題が与えられて学習が始まる。一般的には、PBLの段階1は、グループ学習と個人学習を交互に繰り返しながら、また授業内活動と授業外活動を往還しながら、問題を見定める。必要な情報や考えを見

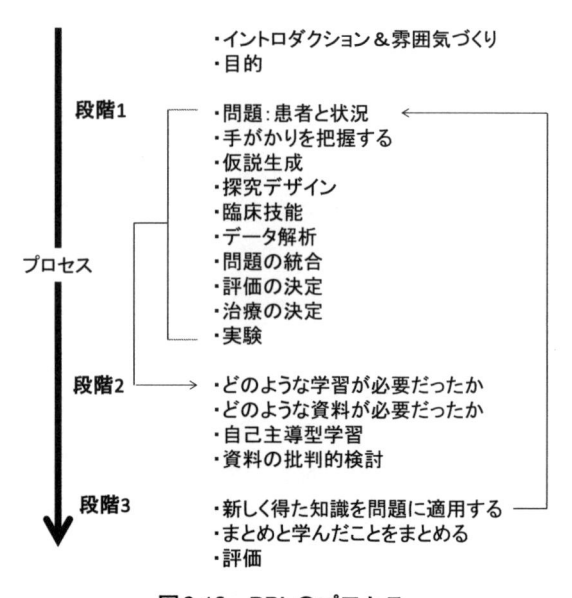

```
段階1 ─┬─ ・イントロダクション＆雰囲気づくり
        │   ・目的
        ├─ ・問題：患者と状況
        │   ・手がかりを把握する
        │   ・仮説生成
        │   ・探究デザイン
プロセス ┤   ・臨床技能
        │   ・データ解析
        │   ・問題の統合
        │   ・評価の決定
        │   ・治療の決定
        │   ・実験
段階2 ─→ ・どのような学習が必要だったか
        │   ・どのような資料が必要だったか
        │   ・自己主導型学習
        │   ・資料の批判的検討
段階3 ── ・新しく得た知識を問題に適用する
            ・まとめと学んだことをまとめる
            ・評価
```

図3-10　PBLのプロセス

(注) Barrows (1985)、Figure 2 (p.20) を翻訳・作成

定め、収集する。それをもとに問題を解決することに時間が充てられる。そして、段階2・3で、学習内容や解決法を振り返って整理し、プレゼンテーションをする、というかたちで学習は進められる (ほかにも Barrows, 1986 や Fink, 2003 を参照)。

　PBLの特徴は、段階1〜3で、テューターが大きな役割を担うことにある。PBLが「PBLテュートリアル (PBL tutorial)」と呼ばれるゆえんでもある。ピアインストラクションやLTD話し合い学習法は、学生主導型 (student-directed / student-centered) の授業だと言っても、授業やコースのデザイン、授業の進行は教員によって決められる部分が多く、実質的には教員主導で進められる場合が多い。学生から出される考えや議論によって、コースデザインが修正されたり変更されたりすることも、そう多くはない。ところが、PBLは、学生が問題解決に向けて、グループ学習、自己学習、情報収集などの活動をしなければならず、学習はすべてそれらの活動の結果を受けて進んでいく。言

い換えれば、これらの活動が不十分なものであったり、場当たり的なものであったりすると、PBL自体がナンセンスな活動となる。テューターは、このような文脈で必須の役割を担う。チャン（Chan, 2008）は、テューターの役割は、問題解決のための議論や検討からの学習の構成を保障することにあり、教員以下、ガイド役以上の存在だと特徴づけている。

　大久保（2007）は、カナダのマックマスター大学に次ぐPBL教育の歴史を持つ、オランダのマーストリヒト大学（設立当時はリンブルフ州立大学）医学部の事例を紹介している。表3-6に示すように、マーストリヒト大学医学部1学年の週間時間割に講義は1時間しかなく、その他の時間は、テュートリアルやテューターとの、あるいはテューターなしでの技能訓練、自己学習に充てられている。この時間割編成におけるテューターの役割はとても大きなものであることは見ての通りで、テューターには、テュートリアルに遅刻・欠席する学生がいる、自己学習が不十分である場合に、テュートリアルをキャンセルしたり、学生の評価を下げたりする権限も与えられている。

　それでは、PBLを情報・知識リテラシーの観点から見ると、どのような特徴が見えてくるだろうか。表3-7に示すように、情報・知識リテラシーの観点から見たPBLの大きな特徴は、①の情報の知識化、②の知識の活用にある。

表3-6　マーストリヒト大学医学部1学年の週間時間割

月	11:00	〜 13:00	テューターと技能訓練
火	8:45	〜 10:45	テュートリアル
	13:30	〜 15:00	講義
	16:00	〜 18:00	テューターと技能訓練
水	8:45	〜 10:45	コミュニケーション力
木	8:45	〜 10:45	テュートリアル
金	9:00	〜 11:00	テューターなしで技能訓練
土	11:15	〜 12:45	テューターなしで技能訓練

空きの時間帯は図書館などで自己学習

（注）大久保（2007）、表（p.432）を一部修正

表3-7　情報・知識リテラシーの観点から見たPBL

	①情報の知識化	②知識の活用	③知識の共有化・社会化	④知識の組織化・マネジメント
PBL (Problem-Based Learning)	◎	◎	◎	○

　PBLは、臨床実践において直面する事例を問題解決しながら学習する方法であるから、学習のはじめから、臨床問題に直結した知識を情報収集すること（＝情報の知識化）、得られた知識を活用して問題を解決すること（＝知識の活用）は、学習法の大前提である。その意味で、表3-7では両部分を◎としている。また、PBLの4点の手続きとして示したように、PBLはグループ学習と個人学習の往還を作業の基本とするものであるから、個人学習した結果をグループ内で共有したり社会化したりすることもまた、PBLの重要な作業である。したがって、③知識の共有化・社会化も◎である。PBLの手続きの4点目には、学んだことをまとめる、となっている。PBLは、あらかじめ総論的な知識を概説して問題解決をさせる学習法ではなく、問題解決に直結するかたちで構成的に学習する方法である。したがって、何を学んだのかをまとめるステップがないと、何を学んでいるのかの全体的な見取り図が見えにくくなる。その意味では、学んだことをまとめるというステップが、④の知識の組織化・マネジメントに相当すると考えられる。

第3節　近接概念の相違

(1) アクティブラーニングと協同学習・協調学習
協同学習の提唱と普及

　第1章第2節(2)では、ボンウェルとエイソンの著作"Active Learning"(Bonwell & Eison, 1991)を紹介した。「アクティブなラーニング」ではなく、用語としての「アクティブラーニング」を提示した初期の著作、アクティブラーニングの古典としてよく引用される。しかし、その同じ1991年に、協同学習（cooperative learning）の提唱で名高いジョンソン兄弟（デヴィッドとロ

ジャー）とスミスの著による、同じタイトル"Active Learning"(Johnson, Johnson, & Smith, 1998)の本が出版されているのは、あまり知られていない。同書は、『学生参加型の大学授業―協同学習への実践ガイド―』(関田一彦監訳, 2001, 玉川大学出版部)として翻訳出版されている。

　ジョンソン兄弟のうち、兄のロジャー・ジョンソンは、理科教育の指導者としてミネソタ大学で教鞭を執っており、弟のデヴィッド・ジョンソンは、社会心理学者として、協同学習の理論化に携わってきた。まさに、兄弟のタッグで、協同学習を理論的・実践的に提唱してきたわけである(関田, 2001)。ジョンソンらは、協同学習の理論的・実践的な専門家であり、1970年代から協同学習に関する数々の著作・論文を刊行している。そのなかでも代表的著作は、"Learning Together and Alone: Cooperation, Competition, and Individualization"(初版1975年)と"Circles of Learning: Cooperation in the Classroom"(1984年初版)であり、前者は1999年に第5版が、後者は2009年に第6版が改訂されて出版されている。後者は翻訳もされており、第4版が『学習の輪―アメリカの協同学習入門―』(杉江修治・石田裕久・伊藤康児・伊藤篤訳, 1998年)として、第5版が『学習の輪―学び合いの協同教育入門―』(石田裕久・梅原巳代子訳, 2010年改訂新版)として刊行されている(ともに二瓶社)。大学教育のなかでは、関田一彦と先のLTD話し合い学習法で紹介した安永悟が、初等・中等教育まで含めた学校教育全般のなかでは、杉江修治が中心になって協同学習の紹介や普及に努めている。杉江は、各種協同学習に関する翻訳をはじめ、2011年には『協同学習入門―基本の理解と51の工夫―』(ナカニシヤ出版)の実践家向けのガイドブックも出版している。2004年には日本協同教育学会(http://jasce.jp/)も設立されて、協同学習の研究者・実践家の交流が近年ますます盛んになっている。

　以上から見て取れるように、協同学習、あるいは協同学習を用いた授業法は、心理学者・教育学者を中心とした専門家集団による専門的なアクティブラーニング型授業の技法・戦略となっている。協同学習に関する理論的な概説、グループダイナミックスや学習者特性、効果検証などの実証的な研究成果は山ほどあり、そのような研究者が実践的なガイドブックも刊行して普及

に努めるのは、上記で見たとおりである。近年のアクティブラーニングの施策による普及にともなって、一般の大学教員のあいだでよく読まれているバークレイほか『協同学習の技法―大学教育の手引き―』(安永悟監訳, 2009年, ナカニシヤ出版) も、彼らの翻訳による出版物である。本書では、協同学習を用いた授業をアクティブラーニング型授業の一つとして位置づけているが、多くのアクティブラーニング型授業の技法や戦略は、ディスカッションやグループ学習を組み込んでおり、アクティブラーニング型授業の基本的理解は、協同学習の論に求めることができるとも言える。

構造的アプローチとして見る協同学習

協同学習に関する問題の一つは、「協同学習 (cooperative learning)」の「協調学習 (collaborative learning)」に対比しての定義である。要は、両者は異なる用語の同じ概念なのか、否かということである。実際、両者は置き換え可能なものとして使用される場合が少なくないし (Barkley, Cross, & Major, 2005; Bruffee, 1995)、日本語ではcooperataion、collaborationに「協同」「協調」「協働」「共同」と、充てる漢字が入り乱れもしており、このテーマの文献をいくつか読むと、用語の使用に関する統一のなさは容易に見て取れる。しかし、協同学習・協調学習の研究者のなかには、この差異を学術的に無視しない者が少なくなく、本書において、両用語のある程度一般的で対比的な定義をおさえておくことは重要な作業であると考えられる。なお、本書では、関田・安永 (2005) の議論にしたがって cooperative learning に「協同学習」を、collaborative learningng に「協調学習」という漢字を充て、この議論はしないこととする。ちなみに、秋田 (2000) は、「共同学習 (cooperative learning)」「協働学習 (collaborative learnng)」の組み合わせで議論を展開している。

「ある程度一般的で」と限定しているのは、どのような定義をおこなっても、究極的には、それらはある固有の状況や文脈に縛られることを避けられない、研究者の一つの見解にすぎないという現実があるからである。どんなに完全に見えるような定義であろうとも、ある一つの定義だけをもって、固有で複雑な状況をあまねく言い表すことなど不可能なことなのである。この事情は、協同学習や協調学習に限らず、どのような学問分野の概念を理解するときに

もあてはまることである。だから、最後は、ある研究者や実践家が、どのような状況や実践を扱うために、どのように定義をしているかというように見ていかなければならない。本書で以下議論する協同学習・協調学習の定義も、同様の制約のもと、とくに本書ではあくまで筆者の理解のもと、示されるものであることに留意していただきたい。

　まず、協同学習の定義を、代表的主唱者であるジョンソンらから採っておきたい。彼らは協同学習(coperative learning)を、「小グループを授業のなかで利用して、学生たちがともに活動し、自身と互いの学習を最大化させる」活動であると定義している(Johnson, Johnson, Holubec, 1993, p.6、ほかJohnson, Johnson, Holubec, 1998も参照)。ジョンソンらが、協同学習をこのように定義するときに留意するのは、「競争(competition)」と「個人主義的取り組み(individualistic efforts)」に対比させての「協同(cooperation)」の意義である。ジョンソンらは、古くより、学習におけるグループダイナミックスを研究しており、その観点から、学習には少なくとも「協同」「競争」「個人主義的」学習があること、協同学習は残り二つの学習よりも学習成果が高いことを理論的・実証的に示してきた(Johnson & Johnson, 2005; Johnson, Johnson, Smith, 1998)。上述の定義に見られるように、協同学習は「自身(own)」と「互い(each other)」の学習をともに最大化させる活動であり、それは、他の学生を気にすることなく、個人の努力と成功にのみ価値を置いた学習(個人主義的取り組み)、あるいは、互いが敵対して、ひとりが勝てば他が負けるといった学習(競争)よりも、学習成果が高いものである。また、ジョンソンらが考える「協同」は、互恵的な相互依存関係(social interdependence)を指すものでもあり、ただ依存し合う関係性とは区別される、より高次のグループダイナミックスであると考えられている(Johnson & Johnson, 2005; Johnson, Johnson, & Smith, 1998)。

　それでは、協同学習に対して、「協調学習(collaborative learning)」は、どのように定義されるだろうか。パニッツ(Panitz, 1999)は、協調学習は、グループ内個人の、たとえば他人より良い成績を取ろうとするような「競争」を目的としたものではないという点で、ジョンソンらの協同学習と類似した学習

概念であるとの見解を採る。競争との対比という点では、「協同(cooperation)」も「協調(collaboration)」も同類だということである。

パニッツはその上で、協同と協調とを次のように分別して定義する。すなわち、「協調(collaboration)とは、相互作用の哲学であり、個人が学習を含めた自身の行動に責任を持ち、仲間の能力や貢献を尊重するという、個人のライフスタイルを指すものである。」他方で、「協同(cooperation)とは、ある特定の作品あるいは目標を、グループでの共同作業によって成し遂げるように促すべくデザインされた相互作用の構造を指すものである」(いずれもPanitz, 1999, p.3)。両者の違いは、授業デザインがどの程度構造化されているかによると考えられている。

パニッツ自身述べるように、協調学習を用いた授業デザインのなかにも、協同学習として提示される技法(たとえば、「思考・ペア・シェア」や「ジグソー」など。表3-1を参照)は使用されることが多い。その意味で、教室で実際の授業を見ただけでは、両者は同じように見えるかもしれない。しかしながら、パニッツは、協同学習は協調学習よりも授業デザインにおいて構造化されたものであり、その意味で、より教員主導型(teacher-centered)であり、学生の学習における自由度もより低いものだと見るのである。

この協同学習の「構造」という特徴を明示するために、パニッツは協同学習論者で有名なケーガン(Kagen, 1989)の協同学習の構造的アプローチの考え方を紹介する。ケーガンは、「協同学習の構造的アプローチは、"構造"の創造、分析、システムの適用、あるいは教室での社会的相互作用を組織化する、内容にとらわれない方法にもとづくものである」(Kagan, 1989, p.12)と説明する。構造には一連のステップや、各ステップにおける禁止された行動があり、言うまでもなくその構造性を作り出すのは教員であることから、それをもって、協同学習は教員主導型であり、協調学習は構造化が弱い、結果として学生主導型だと特徴づけられることになる。

同様の見解は、異なる理由によって、ブラッフェ(Bruffee, 1995)によっても支持される。ブラッフェは、学校とは基本的に社会的な機関なのであって、経験こそが教育であるというデューイの教義にもとづいて、学習を考える。

その上で学習を、知識を媒介させての文化再適応(reacculturation)のための活動であると見なす。その見方にもとづく学習は、知識が社会的に共有される一般的で基礎的なものか否か(基礎的知識foundational knowledge)、教員の知っている知識が正解であるという状況にどれだけ従わなければならないか(知識の権威authority of knowledge)によって、大きく初等教育での学習と高等教育での学習とに分別される。初等教育での学習は、基礎的な知識を習得すべき学習であって、グループ学習においても、より正解のある知識の習得へと向かう学習が目指される。多様な見方を持つ個人が話し合いや共同作業をして、多様な、オリジナリティの高い成果を産み出す学習ではなく、さまざまな他者の見方や考え方を知るためにも、話し合いや共同作業という社会構成主義的な作業を通して、それでいながら、最終的には小グループの、ひいては教室全体の理解が正解へと向かう学習が目指されるのである(＝基礎的なレヴェルでの文化再適応)。当然、そのためには、生徒が教員の持つ知識の権威に従うべく、教員によってグループ学習がコントロールされなければならない(＝教員主導型)。ブラッフェは、このような学習が「協同学習(cooperative learning)」であると述べる。それに対して、高等教育での学習は、非基礎的(nonfoundational)なレヴェルであり、個人がさまざまな理解、考え方をもって話し合いや共同作業をすることが前提となる。教員の持つ知識も、いろいろある知識のなかの一つであって、必ずしも正解であるとは限らない(＝知識の非権威)。話し合いや共同作業のプロセスは、必ずしも教員の意図するとおりに進む必要はなく、大いに外れてもいい(＝学生主導型)。非基礎的なレヴェルでの文化再適応は、多様なバックグラウンドを持つ個人が集まって、話し合いを共同作業をし、その結果、多様な、オリジナリティの高い成果を生み出すことが重要である。言うまでもなく、この非基礎的なレヴェルでの文化再適応は、基礎的知識を共有する個人同士の話し合いであったり共同作業であったりしなければならない。高等教育は、そのような基礎的なレヴェルでの文化再適応を通過してきた集団が学習する場である。ブラッフェは、このような学習を「協調学習(collaborative learning)」であると述べる。

　このように、何をもって協同学習と見るのか、協調学習と見るのかの理由

は異なるけれども、結果的には、授業デザインがより構造化されて、学生の自由度がより少ない教員主導型の学習を「協同学習」、構造化が弱い、学生の自由度が高い学生主導型の学習を「協調学習」と見なす点は、上記と同じものとなる。同様の見方は、ほかにも見られる（Hiltz, 1998; McInnerney & Roberts, 2004）。

　なお、次のようなことには注意が必要なので、補足しておく。第2章第1節(2)では、教えるから学ぶへ、教授パラダイムから学習パラダイムへの転換において、学習パラダイムの特徴の一つを「学生主導型（student-centered）」あるいは「学習者主導型（learner-centered）」であると説かれることがある。しかし、それは図2-1 (p.43)における教員から学生への一方向的な知識伝達型講義での学習を「受動的学習」と操作的に定義し、それを乗り越えるかたちでの能動的学習を「アクティブラーニング」と見た構図Aを文脈としたときの説明である。ここで、構図Aにおける受動的学習（教授パラダイム）にポジショニングしている間は、いかなるアクティブラーニングも「学生主導型」と特徴づけられると理解する。しかし、パニッツをはじめとする研究者が、協同学習を教員主導型、協調学習を学生主導型と特徴づけるとき、私たちは、それが構図A、あるいは構図Bのなかで相対的に特徴づけられていると理解しなければならない。この構図のなかでは、教員主導型と学生主導型も相対的な特徴を表すものでしかなく、文字通り理解して、教授パラダイムにおける教員主導型と理解してはならない。この点、理解が若干複雑になるところなので、注意したい。

プロセス（協同学習）かプロダクト（協調学習）か

　もう一つ、協同学習と協調学習とを差異化して定義するときの代表的な観点は、プロセス（協同学習）かプロダクト（協調学習）かということである。

　日本における協同学習の主唱者の一人である安永（2012）は、グループ学習が協同学習となるために、グループ内の個人が「協同の精神」を共有し、それを具体的な行為として実践できている必要があると説く（ほかにも安永, 2004）。協同の精神とは、仲間が心と力をあわせて学び合うことであり、グループの学習効果を最大限に引き出すための基本的な精神を指す。

先ほど、協同学習は授業デザインがより構造化されており、学生の自由度が低い教員主導型の学習であると特徴づけた。この構造化をはかるために、表3-1で示したような技術が使用されることも多い。これに対して、パニッツの見る協調学習は、どちらかと言えば、授業デザインの構造や技術にこだわらないものであり、技術を用いる場合でも、より重要なのは、相互作用の哲学にもとづくことであった。しかし、安永の説く「協同の精神」は、この考え方に異を唱えるものである。安永にとって、協同学習がまず第一に大事にするのは、授業デザインの構造や技術ではなくて、協同の精神だということになる。パニッツの協調学習に対する見方に接近する瞬間であり、こうなると、話し合いや共同作業に対する哲学や精神という説明だけでは、協同学習と協調学習の差異は限りなく無に近いものとなる。

　この問題に一定の整理の指針を提供するのは、関田・安永（2005）である。関田らは、各種の辞書・辞典での定義をふまえて検討し、協同学習（cooperative learning）を「協力して学び合うことで、学ぶ内容の理解・習得を目指すと共に、協同の意義に気づき、協同の技能を磨き、協同の価値を学ぶ（内化する）ことが意図される教育活動を指す専門用語である」（p.13）と定義する（他にも関田, 2004を参照）。そして、この定義にしたがって、協同学習の4条件を次のように示す（pp.13-14）。

①互恵的相互依存関係の成立：クラスやグループで学習に取り組む際、その構成員すべての成長（新たな知識の獲得や技能の伸長など）が目標とされ、その目標達成には構成員すべての相互協力が不可欠なことが了解されている。

②二重の個人責任の明確化：学習者個人の学習目標のみならず、グループ全体の学習目標を達成するために必要な条件（各自が負うべき責任）をすべての構成員が承知し、その取り組みの検証が可能になっている。

③促進的相互交流の保障と顕在化：学習目標を達成するために構成員相互の協力（役割分担や助け合い、学習資源や情報の共有、共感や受容など情緒的支援）が奨励され、実際に協力がおこなわれている。

④「協同」の体験的理解の促進：協同の価値・効用の理解・内化を促進す

る教師からの意図的な働きかけがある。たとえば、グループ活動の終わりに、生徒たちにグループで取り組むメリットを確認させるような振り返りの機会を与えるのである。

　これに対して、「協調学習（collaborative learning）」はどのように定義されるだろうか。関田ら（2005）は、collaborationを、個人や団体が独立性を保ちながら、互いの資源や能力を活かし合って、共同作業、とりわけ共同研究など一つの成果（プロダクト）を、効率よく追求する活動を指すものと定義する。これにもとづいて、協調学習を、
　①プロジェクト（一過性のイベント）の形を採る
　②メンバーの間で、相手の活動を参照して、自分の行動を調整するしくみ（機会）がある
　③プロジェクトの成果物に対して、各自が何らかの貢献を期待される
　④しばしばプロジェクトリーダーによって統率される学習活動である
　⑤質の高い成果物が求められる学習活動である

　と理解する。
　関田らの見解をまとめると、協同学習は、協同の精神をもとに、話し合いや共同作業の「プロセス」に主眼が置かれる学習活動であると定義される。プロダクトは重要であるが、それが最初ではない。まず、プロセスにおける協同の精神が重要である。それに対して、協調学習は、話し合いや共同作業を通しての「プロダクト（成果物）」に主眼が置かれる学習活動であると定義される。極端に言えば、協同の精神を持たなくても、グループ内の個人、個人がユニークな貢献をして、質の高いプロダクトが目指されれば、それでいいとも言える。もちろん、ここでは、きわめて極端に、対比的に定義をしているので、実際にはこの中間的な特徴を持つ学習のほうが多いことは言うまでもない。
　この対比的な定義をもって理解される協同学習・協調学習は、パニッツの見解をもとに見てきた前項の協同学習・協調学習の理解とは異なるものであ

る。関田らの理解にもとづけば、授業デザインがより構造化されていようとも、学生の自由度が低くても、教員主導型であっても、それは結果としての二次的なものであって、協同学習を定義する本質的なことではない。協調学習に対しても同様で、授業デザインがあまり構造化されていなくても、学生の自由度が高くても、学生主導型であっても、質の高いプロダクトが目指されなければ、協調学習とは呼べない。

　言うまでもなく、どれが正しいということではなく、理解する観点が異なれば、ある概念の定義が変わるという、どの学問分野でも一般的に起こっていることが、ここでも起こっているだけのことである——ちなみに、秋田(2000)は、協同学習とはグループ内の分業によって達成される学習のことと定義するが、これも明らかに上述のものとは異なる観点からの理解である——。そして、先に述べたように、このような整理の作業も、「ある程度一般的」なものに落とし込んでいるだけのものであって、協同学習や協調学習という用語一つで、そう呼ばれる固有で複雑な、実際の学習状況を、あまねく言い表していくことなど、不可能なことである。ここから先は、これまで示した「ある程度一般的」な協同学習・協調学習の理解を基礎としつつ、他方で、実際に起こっている学習状況や実践を個別に理解して、それを構造的な観点から理解したり、プロセス・プロダクトの観点から理解したりしていくことになるのだと考えられる。

(2) アクティブラーニングと主体的な学び

　「アクティブラーニング」と「主体的な学び」は同じか否か、とよく質問を受ける。協同学習と協調学習が、相互に入れ替え可能な用語として使用されることが少なくないことと、同様の事情を持っている用語群である。教育関係の論文や著書、中教審の各種答申等で、「主体的な学び」「主体的学習／学修」はかなり使用されているが、それがいかなる用語・概念なのかを真正面から説明しているものは、きわめて少ない。わずかながら、いくつかの論文で、主体的な学びは「自己調整学習(self-regulated learning)」のことであると説明されるものがあるが、多くの者が「主体的な学び」という言葉を、伝統的

な動機づけから学習方略、メタ認知までを次元化・構造化したような、そんな学術用語を指して使用しているとはとうてい思えない。もっと単純なもの、感覚的なものであろうと思う。須永 (2010) は、アクティブラーニングの定義をおこなうために、類似の「能動性」「活動性」「関与性」「当事者意識」「自律性」の諸概念を検討しており、示唆に富むが、そこでも「主体性」は膨大な検討を要するとして、検討から除外している。

このように、「主体的な学び」とは何かと答える作業は、とても厄介である。真正面から答えようとすると、須永の言うように、膨大な紙幅が必要となる。筆者は次の著書で詳しく論じるつもりであることだけ述べておいて、本書ではあまり深入りせずに、最近このことについて考えている要点だけ簡単に述べることとする。

アクティブラーニングの「能動的 (アクティブ)」の意味は、『広辞苑 (第6版)』で引くと、「自ら働きかけるさま」とある。飯島 (1992) が述べるように、働きかける動きのなかには、対象に働きかける「主体 (subject)」と働きかけられる対象、すなわち「客体 (object)」との主客の関係性がある。この意味での主体を自己と呼び、働きかける対象を他 (者) と呼べば、「能動的」とは、他からの働きかけではなく、自 (己) からすすんで他 (者) へ働きかけるという意味になる。『広辞苑』での「自ら働きかけるさま」とは、こういう意味である。

筆者の考えでは、この意味は「主体的」の意味とほぼ同じである。同じ『広辞苑 (第6版)』では、「主体的」とは、「他のものによって導かれるのではなく、自己の純粋な立場において行うさま」の意味とされる。「能動的」も「主体的」も、字義だけで見れば、いずれも客体 (対象) に関わる主体の優位性を表す言葉であって、大した差はないと考えられる。

しかし、本書で示してきたアクティブラーニングの「アクティブ (能動的)」の意味は、単純に「自ら働きかけるさま」では示せないものだったはずである。つまり、第1章第2節 (2) で示した定義にもとづけば、アクティブラーニングとは、教員から学生への一方向的な知識伝達型講義、そこで操作的に定義される受動的学習を乗り越える意味での「能動的」学習だったのであって、しかも、その「能動的」には、書く・話す・発表するなどの活動への関与と、

そこで生じる認知プロセスの外化を伴う、といった活動の特定までなされていた。それは、もはや辞書で示されるような単なる「自ら働きかけるさま」程度の意味ではなく、伝統的講義からの脱却、活動への関与、認知プロセスの外化といった、かなり具体的な学習状況や行動を含み込んだ上での「自ら働きかけるさま」の意味となっているのであった。もし、アクティブラーニングが、「自ら働きかけるさま」という字義どおりの意味であったのならば、講義において、ただ教員の話をぼうっと聴くのではなく、これまでの知識や経験とすり合わせて、新しい知識を位置づけたり、思考したり、感動したり、疑問を憶えたりする、そのようなすばらしい「聴く」が、アクティブラーニングの一つとして理解されたはずである。しかし、このすばらしい「聴く」も、本書ではアクティブラーニングとは見なさないと述べた。なぜなら、アクティブラーニングは、講義でのいかなる「聴く」も受動的学習と見なし、それを脱却することにおいて、その「能動的」が定義されているからである。

　そして、第2章第2節(1)においては、学生の学びと成長のテーマのもと、アクティブラーニングの「アクティブ(能動的)」の意味がさらに拡がっていることを、構図Aから構図Bへの移行として説明した。これらのいずれのアクティブラーニングにおいても、その「アクティブ(能動的)」は、辞書で示される「自ら働きかけるさま」以上の意味として扱われている。

　以上のアクティブラーニングの説明は、言い換えれば、アクティブラーニングが、アクティブなラーニングなのではなく、アクティブラーニングという一つの学術用語として機能していることを示唆するものである。もはや、「アクティブ(能動的)」の意味を辞書で拾う程度では理解されないものである。

　筆者は、この点をふまえた上で、「主体的な学び」を学術用語としてではなく、できるだけ字義どおりに理解したいと考えている。つまり、「主体的な」を辞書にしたがって「自ら働きかけるさま」として理解する、つまり、主体が対象へ関わる主客の関係性のもと理解するというものである。「主体的な学び」「アクティブラーニング」の意味は、「主体的」「アクティブ(能動的)」といった形容詞で理解するか、「学び/学習(ラーニング)」といった活動で理解するかと言われることがあるが、ここでは、「主体的な学び」を「主体的な」

という形容詞で理解するアプローチを提唱している。「アクティブラーニング」は、すでに述べたように、活動(学習)で理解したアプローチである。

　形容詞で理解するアプローチは、「学び」の内容で理解するものではないので、「主体的な」が係っていく「学び」という対象が、いったいいかなるものかと特定されなければならないことになる。筆者は、その係っていく対象に、少なくとも「対課題」「対他者」「対自己」「対人生(時間)」の4種類があると考えている。たとえば、内発的動機によって学習課題に取り組むとき、これは対課題における主体的な学びと理解される。グループ学習において他者に積極的に働きかけて学習をするとき、それは対他者における主体的な学びと理解される。いろいろ学んだことを誰からも言われずに整理して自らの知識世界を構造化するとき、それは対自己における主体的な学びと理解される。将来の夢に向かって学習に取り組むとき、それは対人生(時間)における主体的な学びと理解される。いずれも、対象(課題・他者・自己・人生)における主体優位の関係性を問題とするものである。

　主体的な学びをこのように理解するとき、主体的な学びはアクティブラーニング以上のものであるので、アクティブラーニングは主体的な学びの下位次元に位置することになる。したがって、先ほど述べた講義でのすばらしい「聴く」は、アクティブラーニングとは言えないが、主体的な学びであるとは言える。

　実践的には、主体的な学びと呼ぼうが、アクティブラーニングと呼ぼうが、どちらでもいいと思う。しかし、主体的な学びと呼んで実践を進めていくとき、アクティブラーニングなら、その学術用語自体が問題とする「講義中心の授業を脱却する」、あるいは育成課題として掲げる4つの情報・知識リテラシー(情報の知識化/知識の活用/知識の共有化・社会化/知識のマネジメント)などが、抜け落ちる可能性が高くなる。実践で、このような抜け落ちる点が問題となるとき、必要とされるのは学術用語や用語の厳密な定義だったりするのも事実である。こう考えて、やはり教育施策や実践を進めていくには、基本的に、学術的に定義された、あるいはその向かうべき方向性や射程など細かく特定された「アクティブラーニング」という用語を使用していくべき

であるとも考えられる。抜け落ちないと言うのなら、用語名はたいした問題ではない。なお、学習論の視座から論じた松下 (2009) の主体的な学び論もあるので、紹介だけしておく。

第4章　アクティブラーニング型授業の質を
高めるための工夫

　アクティブラーニングは、書く・話す・発表するなどの活動への関与と、そこで生じる認知プロセスの外化を伴うものである。したがって、伝統的な講義形式の授業をアクティブラーニング型授業へと転換させるためには、まずは授業の最後に、授業に関するコメントや感想を書かせる、短い時間でいいので、学生同士でディスカッションをさせる、といった活動を取り込んでいくことから始めるのがよい。あまり難しく考えずに、小さな活動でいいので、授業デザインのなかにアクティブラーニングを取り込んで、形から入ることが重要である。慣れてくれば、徐々に、ディスカッションやプレゼンテーション、第3章で紹介したアクティブラーニング型授業の戦略、クリッカーなどのツールを、授業内容や好みに応じて導入していくとよい。

　本章で紹介するのは、一定程度、そのようなアクティブラーニング型授業ができるようになった段階で、もう一歩、二歩、その質を高めるための工夫である。以下では、個々の授業やコースでおこなう工夫として、(1)学習内容の深い理解を目指す(ディープ・アクティブラーニング)、(2)授業外学習時間をチェックする、(3)逆向き設計とアセスメントを、大学や学部が組織的におこなう工夫として、(4)カリキュラム・コースシステムとして発展させるアクティブラーニング型授業(カリキュラム・ディベロップメント／授業を週複数回でおこなう)、(5)アクティブラーニングのための学習環境の整備を紹介する。最後には、この1年急速に広まり始めた、(6)反転授業について紹介する。

第1節　学習内容の深い理解を目指す──ディープ・アクティブラーニング

(1) 学習の形態を問いつつ内容を問う

　まず、アクティブラーニング型授業の質を高める工夫の一つは、学習内容の深い理解を徹底的に目指すことである。

　アクティブラーニングは、基本的に、学習の形態を問うものであって、学習内容の理解を問うものではない（松下・田口・大山, 2013; 溝上, 2013）。第1章第2節(2)で、アクティブラーニングが「一方向的な知識伝達型講義を聴くという（受動的）学習を乗り越える意味での、あらゆる能動的な学習のこと。能動的な学習には、書く・話す・発表するなどの活動への関与と、そこで生じる認知プロセスの外化を伴う」と定義されたように、アクティブラーニングが問うものは、基本的に、教員から学生への一方向的な知識伝達型講義での「聴く」学習を乗り越える意味で定義される能動的学習の形態である。

　興味深いことに、大学教員はあれだけ知識を伝えることにこだわっていたはずなのに──知識を理解させることにはさほどこだわっていたようには思われないが──、アクティブラーニングを導入するようになって、そのこだわりが極端に落ちてきているように見える。とくに、一般教育・教養系の科目や、俗に言う偏差値の中程度から下の大学では、そういうことが目立って起こっているように見える。もちろん、個人や大学・学部によってその程度はさまざまであるし、医療系などの国家資格を伴う専門職養成の学部では、この話は遠いものであるに違いない。とは言え、全体的に見て少なからず、学習内容よりも、学生に書く・話す・発表するなどの活動をさせるだけで十分であると、極端に理解し、満足している大学や学部、そして教員がいることは確かである。学生たちが熱心にグループ学習やディスカッションに参加している様子を見て、「最近の学生も捨てたものじゃない！」「すばらしい！」と、容易に感嘆する教員もいる。「学生は座学が苦手だし、説明しても、どうせ内容を理解できないのだから、ディスカッションをさせておくほうが、彼らのためにもなる」などというのも、何回か聞いたことがある。残念な話だ。

内容より形態に関心が向けられているのだから、内容的に薄っぺらい授業となることは当然である。そのような授業で学生たちの活動を見ても、ディスカッションではその場で思いつくことだけで議論がなされており、批判的な検討もなく、内容の深まりが見られない。内容が深まるような教員の介入も十分にない。プレゼンテーションの様子を見ても、ちょっとインターネットで調べて集められる情報をパワーポイントのスライド上に並べ、見た目は元気に発表しているけれども、内容を見れば、たいした吟味や検討を重ねた跡もなく、表面的なものとなっている。このようなことが、アクティブラーニング型授業には少なからず見られ、問題である。ここには、教員の教授学習観、つまり、学習とは何なのか、そのために教員はどのような教授・介入ができるのかへの見方が問われている。

　もっとも、難しい側面もある。かつては、知識を伝えることこそが、講義に代表される大学教育の基本的目的であった。しかし、大学教育の目的はアクティブラーニングによって多元的に拡大され、その結果、知識伝達の目的が相対化されている。つまり、情報・知識リテラシーの育成を問うアクティブラーニング（第2章第2節(5)を参照）は、大学教育の目的を知識伝達だけでなく、技能・態度の育成にまで拡げることになり、結果として大学教育の目的を多元的に拡大しているのである。

　大学のユニバーサル化、入試の多様化などにより、以前なら大学で学ばなかった高校生が大学に進学するようになっている。また、大学生の、いわゆる教科学力が多様となっている。そのような多様化した学生たちに、大学での学習内容をしっかり理解させることが難しくなっているのは事実であり、そして、もともとしっかり理解させる意図が大学教員のなかにどれほどあったかが怪しかったことも併せて、そのようななかで、書く・話す・発表するなどの活動が、授業時間のそれなりの割合を占めるようになってくる。成績評価に際しては、そのような活動の取り組みも考慮するように求められており、総じて、大学教員の知識伝達・理解へのこだわりが相対的に落ちることは、無理からぬことでもある。

　このような状況をふまえて、アクティブラーニング型授業の質を高める一

つの工夫は、学生の学習内容の深い理解を目指すことである。第2章第2節(5) で、アクティブラーニングの目的の一つは情報・知識リテラシーを育成することにあると述べたが、そのような情報・知識リテラシーも、ただ書く・話す・発表するなどの活動を形だけを導入すれば育てられるというものではなく、学生の学習内容の理解の質に徹底的にこだわってこそ、より良く育てられるものだと言える。

　学習内容の理解の質にこだわるということは、そこで扱われる用語・知識の定義や正しい理解にこだわること、他の関連する知識とつなげること、他者の相対立する考えや見方もふまえて、問題に対する自身の大きな見方(観)を作り、作られた見方に対する価値づけや評価をおこなうこととも言える。このような学習には、作業を通しての個人の知識世界の構築・再構築のプロセスが介在しており、かつ、その背後には認知プロセス(知覚・記憶・言語・思考[論理的／批判的／創造的思考、推論、判断、意思決定、問題解決など]といった心的表象としての情報処理プロセスのこと。第1章第2節(2)を参照)が介在している。知識世界の構築・再構築、それを促す認知プロセスが介在する学習がしっかり伴ってこそ、アクティブラーニングはより難しいもの——学生の立場から言えば、たいへんな作業を伴うもの、頭を悩ますもの、しかしそれを乗り越えれば、新しい考えや見方の拡がりを感じられるもの——となり、その結果、情報・知識リテラシーもより良く育つというものである。

(2) 学習への深いアプローチ

　前項(1)では、学生の学習内容の理解の質にこだわることがアクティブラーニング型授業の質を高めると平易に説明をしたが、高等教育の世界では、マルトンやエントウィッスルらによって提唱された「学習への深いアプローチ (deep approach to learning)」の概念を紹介して、説明されることが多い (Baeten, et al., 2010; Biggs, 2003; Biggs & Tang, 2011; Hand, Sanderson, & O'Neil, 1996; 加藤, 2013; 加藤・杉原・ホートン広瀬, 2011; 河井塾, 2013; 松下・田口, 2012; 松下・小野・髙橋, 2013; Watkins, 1983, 2001)。

　学習へのアプローチという概念は、スウェーデンのマルトンとセーリョ

(Marton & Säljö, 1976)に戻るとされる。マルトンらは、大学生に、教科書にある章ページや新聞記事を読ませ、その教科書や記事をどのように読んだかを尋ねた。そして、教科書や新聞記事の理解、さらには5〜6週間後の記憶保持を学習成果として分析をした結果、読み方と学習成果との関係には、大きく二つのタイプのあることが明らかとなった。一つのタイプは、教科書や新聞記事をしっかり理解しようとせず、ただ問題点を見つけ、文章のある側面だけに着目するという読み方である。このような学生たちの学習成果は十分なものではなかった。もう1つのタイプは、著者が何を意図しているのか、記事の要点はどのようなものか、どのように結論が導かれているかなどに着目して、教科書や新聞記事全体の意味をつかもうとする読み方であった。そのような学生たちの学習成果は良いものであった。

　このような差異は、後々、学習に対する異なる意図(intention)にもとづくアプローチの差異として、広く知られるようになる(Entwistle, McCune, & Walker, 2010)。すなわち、「学習への深いアプローチ(deep approach to learning)」とは、意味を求めての学習であり、「学習への浅いアプローチ(surface approach to learning)」とは、個別の用語や事実だけに着目して、課題にしっかりコミットすることなく、課題を仕上げようとする学習のことである。それぞれ、単純に「深い学習(deep learning)」、「浅い学習(surface learning)」と呼ばれることもある。それぞれの特徴をまとめると、**表4-1**のようになる。

　ビッグスとタング(Biggs & Tang, 2011)は、このような学習への深いアプローチと浅いアプローチの特徴を、活動の「動詞」を用いてまとめている。**図4-1**に示すように、深いアプローチは、学習課題に対して「振り返る」「離れた問題に適用する」「仮説を立てる」「原理と関連づける」といった高次の認知機能をふんだんに用いて、課題に取り組むことを特徴とする。それに対して、浅いアプローチは、「記憶する」「認める・名前をあげる」「文章を理解する」「言い換える」「記述する」といった、繰り返しで非反省的な記憶のしかた、形式的な問題解決を特徴とする。この表の秀逸なのは、深いアプローチが、決して浅いアプローチで問題となる動詞を用いないのではなく、

表4-1 学習への深いアプローチと浅いアプローチの特徴

深いアプローチ
・これまで持っていた知識や経験に考えを関連づけること
・パターンや重要な原理を探すこと
・根拠を持ち、それを結論に関連づけること
・論理や議論を注意深く、批判的に検討すること
・学びながら成長していることを自覚的に理解すること
・コース内容に積極的に関心を持つこと

浅いアプローチ
・コースを知識と関連づけないこと
・事実を棒暗記し、手続きをただ実行すること
・新しい考えが示されるときに意味を理解するのに困難を覚えること
・コースか課題のいずれにも価値や意味をほとんど求めないこと
・目的や戦略を反映させずに勉強すること
・過度のプレッシャーを感じ、学習について心配すること

(注) Entwistle, McCune, & Walker (2010), Table 5.2 (p.109) の一部を翻訳。

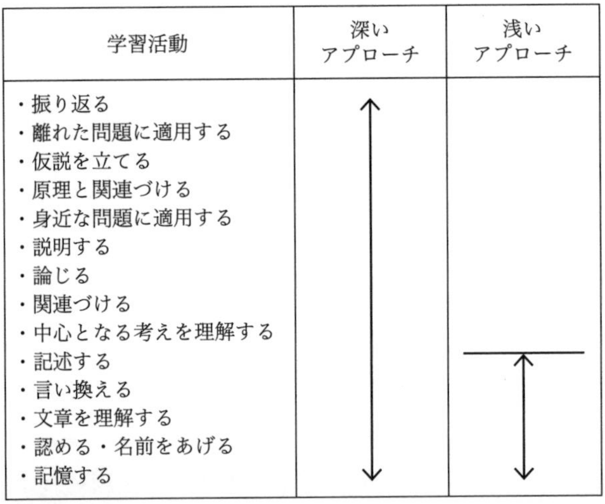

学習活動	深いアプローチ	浅いアプローチ
・振り返る ・離れた問題に適用する ・仮説を立てる ・原理と関連づける ・身近な問題に適用する ・説明する ・論じる ・関連づける ・中心となる考えを理解する ・記述する ・言い換える ・文章を理解する ・認める・名前をあげる ・記憶する	↕	↕

図4-1 学習活動の「動詞」から見る学習への深いアプローチと浅いアプローチの特徴
(注) Biggs & Tang (2011), Figure 2.1 (p.29) の一部を翻訳・作成。

表で示されるあらゆる動詞を用いて学習がおこなわれることを明示している点である。深いアプローチであろうとも、学習課題や状況によっては、「記憶する」「文章を理解する」「言い換える」といった動詞を用いて学習がおこなわれるのであって、その意味で、むしろ浅いアプローチが問題なのは、「振り返る」「離れた問題に適用する」「仮説を立てる」「原理と関連づける」

第4章　アクティブラーニング型授業の質を高めるための工夫　109

といった動詞を用いた、高次の認知機能を用いた学習が欠如していることにある (Biggs & Tang, 2011)。

　なお、ビッグス (Biggs, 2003) は、学習への深いアプローチ、浅いアプローチは、教授学習状況に依存するので、それを学生個人の学習スタイル (style) (cf. Pask, 1976) と混同してはならないと警鐘を鳴らす (スタイルとアプローチの違いについては、Entwistle & McCune, 2004; Entwistle, Mccune & Walker, 2010 も参照)。たしかに、学生の深い・浅いアプローチを採る傾向や好みといった学習スタイルはあるだろう。しかし、授業実践においては、一人でも多くの学生が、学習への深いアプローチを採るような教授学習状況を作り出すことが重要である。授業実践においては、この学生は深い学習スタイルだから OK とか、浅い学習スタイルだからダメだと類型化していくのは、ナンセンスである。教授学習状況が、学習の浅いアプローチしか求めないような、すなわち伝統的な講義のようなものであるなら、たとえ深い学習スタイルを持つ学生でも、浅いアプローチを採らざるを得ないだろうし、戦略的なアクティブラーニング型授業であれば、浅い学習スタイルを持つ学生でも、深いアプローチを採らざるを得ないだろう。加藤 (2013) も、同様の観点から、学生が深いアプローチを採るような授業実践を推進していく重要性を説いている。

　学習への深いアプローチを学生に採らせるためには、アクティブラーニング、とりわけ第2章第2節 (1) で示した構図Bのアクティブラーニング、あるいは第3章第1節 (2) で示したタイプ2・タイプ3のアクティブラーニング型授業を推進することが必要不可欠である。学習アプローチを説く論者の多くは、アクティブラーニングという用語をさほど用いない。それはおそらく、彼らの教授学習観にとってアクティブラーニングは当たり前であって、講義を中心とした構図Aの授業など、もはや考えていないからだと思う。完全に構図Bに移行したところでの議論だと筆者には見える。

　日本の大学・教員の多くは、まだまだ構図Aにとどまっている。したがって、我々は、一方でアクティブラーニングを説きながら、他方で、その授業の質を高めるために、学習への深いアプローチを説かねばならない。言い換えれば、アクティブであり、ディープであるような学習をさせ、その授業づ

A. アクティブラーニング　　ディープラーニング
（学習への深いアプローチ）

学習の**形態**を強調
学生参加
ディスカッション
プレゼンテーション
協同・協調学習、問題解決

学習の**内容**を強調
概念を既有知識や経験と関連づける

B. アクティブラーニング　　ディープラーニング

ディープ・アクティブラーニング

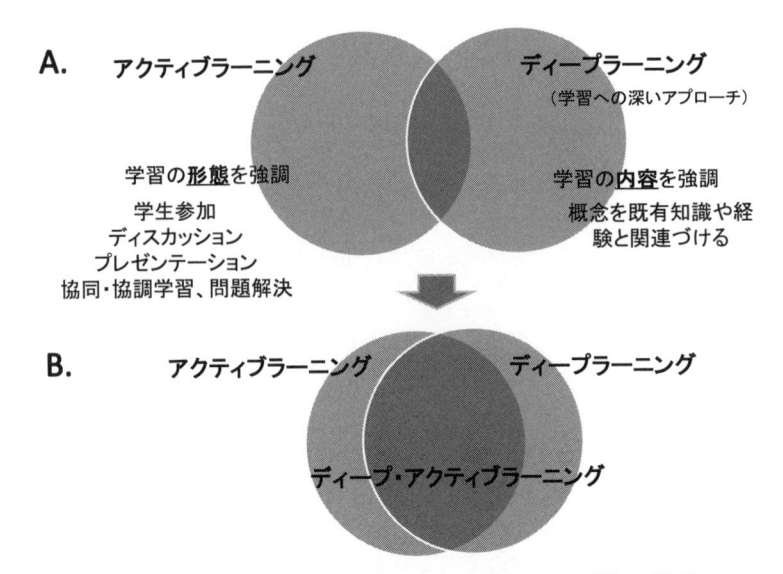

図4-2　アクティブラーニングとディープラーニングとの関係

くりを目指す説明のしかたである。これに関して、松下・田口・大山（2013）は、「大学教育の実践において求められるのは、単なるアクティブラーニングではなく、深い学習の性質も備えたアクティブラーニング、つまり"ディープ・アクティブラーニング"である」（p.122）と主唱する（ほか、松下佳代・京都大学高等教育研究開発推進センター編『ディープ・アクティブラーニング』勁草書房、近刊予定）。それは、**図4-2**でAからBへの移行、あるいは、アクティブラーニングとディープラーニングとの重なりがより大きくなるような教授学習を目指すものだと言える。

(3) どのようにして学習への深い・浅いアプローチを見定めるのか
　　——コンセプトマップというアセスメントツール

それでは、学習へのアプローチが深いとか浅いとかは、どのようにして見定められるのだろうか。これは、アセスメントの問題である。

松下・田口・大山（2013）が述べるように、高等教育のなかで、学習へのアプローチのアセスメントに「コンセプトマップ（concept map／concept mapping)」を用いることを提案するのは、ヘイと彼の研究グループである (Hay, 2007; Hay & Kinchin, 2008; Hay, Kinchin, & Lygo-Baker, 2008)。コンセプトマップは、J. ノヴァックが、先行オーガナイザー (advance organizers) や有意味学習 (meaningful theory) で有名なオーズベル (Ausubel, 1968; Ausubel, Novak, & Hanesian, 1978) の理論を基礎として1972年以来開発を続け、それを通して、学習による子どもの知識世界の変化・概念理解を可視化しようとしたものである (Novak & Cañas, 2006; Novak & Musonda, 1991)。ノヴァックにとっての有意味学習は、暗記学習 (rote learning) と対比されるものであり、オーズベルの先行オーガナイザー (新たな学習をする際に、それが個人の有している知識構造に受け入れやすくするための導入となる知識や考えのこと) を基礎としていることからもわかるように、既有知識を重視し、既有知識と他の関連知識との関連づけや構造化を特徴とする。さらには、そのような学習を目指す動機や関与も問題とする (Novak & Cañas, 2006)。このような有意味学習と前項 (2) で見た学習への深い・浅いアプローチとは、その考え方に類似点が多く、松下・田口・大山 (2013) に言わせれば、コンセプトマップが深い・浅いアプローチのアセスメントツールとして利用されるようになることは、いわば自然の流れであったとも言える。

なお、エントウィッスルら (Entwistle, McCune, & Walker, 2010) は、"concept (概念)"を、一般的に広く共有されるクラスとしての集合カテゴリーを意味するものとして、"conception (概念)"を、個人の知識と経験をもとに構成をはかった結果を意味するものとして分別している。その上で、マルトンら (Marton & Säljö, 1976) の学習へのアプローチは、conceptではなく、conceptionを扱ったものだと議論している。この観点から厳密に言えば、コンセプトマップは、concept mapではなく、conception mapと表示されなければならないかもしれない。本書では、一般的使用にならって、concept mapと表示していくが、このような考え方もあることを、ここで紹介しておく。

図4-3に、松下・田口・大山 (2013) が取り組んだ、国立大学文学部での哲学系入門科目の授業で、学生に作らせたコンセプトマップの例を示す。コン

セプトマップは、課題に対して持っている知識と理解を可視化させるツールなので、学生には、授業の大きなテーマであった「哲学的に考える(とは)」が、問題として課せられた。学生は、この問題に対して思い浮かぶ関連のある概念や知識(「他者の存在」「芸術」「文化現象」など)を書き込み、概念や知識同士を矢印でつなぎ(=リンク)、その矢印のそばに意味するところを簡単な説明語句(「考える」「発露」「目指す」など)で記入した。

　ヘイ(Hay, 2007)では、以上のようなコンセプトマップを学習前と学習後の2回作らせ、その学習前のコンセプトマップと学習後のコンセプトマップの質的変化を見ることで、学生が学習への深いアプローチを採ったかどうかを判定できると考えている。さらに、先ほど、ノヴァックの有意味学習vs暗記学習と、学習への深いvs浅いアプローチには類似点が多いと述べたが、ヘイは、学習へのアプローチには、深い・浅いアプローチだけでなく、ジャーヴィス(Jarvis, 1993)の「非学習(non-learning)」という類型も援用して、この非学習まで含めて考えている。ここは、ノヴァックの有意味学習vs暗記学習と差異化されるところである。

　このような、ヘイが考える「深いアプローチ」「浅いアプローチ」「非学習」という3つの判定基準は、**表4-2**のようなものである。まず、「深いアプロー

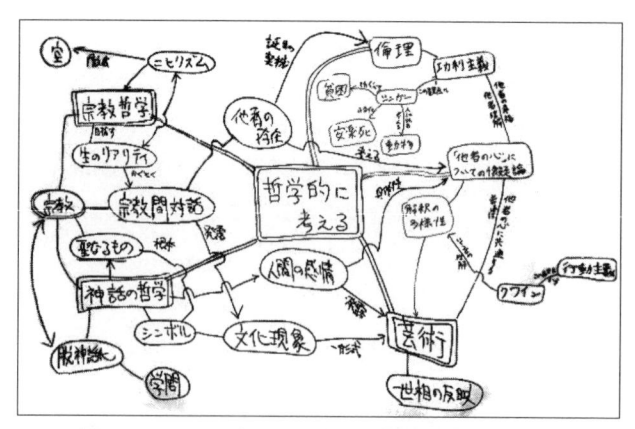

図4-3　コンセプトマップの例「哲学的に考える」

(注)松下・田口・大山(2013)の図1-1(p.124)より許可を得て転載

チ」の判定基準のポイントは、新しく学習された概念が示されていること、それが既有知識や既有概念と説得力のあることばをつけてリンクされていること、全体の知識構造の重要な変化が認められることにある。次に、新しい概念が示されていても、それが既有知識とリンクしていなかったり、概念的に統合された再構造を示していなかったりすれば、つまり、意味ある重要な構造的変化を示していなければ、「浅いアプローチ」だと判定される。最後に、新しい概念やリンクの欠如、学習前の既有知識が強固に維持されていれば、学習はなされなかったと見て、「非学習」だと判定される。これらの基準には、適切な事象同士の結合こそが意味を作るという、意味生成の基本的な考え方

表4-2 学習アプローチの判定基準

学習への深いアプローチ
(1) 学習後のコンセプトマップに、新しく学習された概念が示されているもの。それは学習前のコンセプトマップには書かれていなかったものであるし、もとから持っていた既有概念とも異なるものである。
(2) 学習後のコンセプトマップに、意味あるかたちで既有知識とリンクされた新しい知識が示されているもの。つまり、リンクのそばのことばが妥当であり、説明になっているもの。意味の根拠を示しているものである。
(3) 学習後のコンセプトマップの全体的な知識構造が、学習前のものに比べて、重要な変化を示しているもの。つまり、より良い構造、質の高いリンク、豊かな意味が表現されているものである。

学習への浅いアプローチ
(1) 学習後のコンセプトマップに、(学習前のコンセプトマップには記入されていなかった) 新しく導入された概念が示されているのだが、既有知識とリンクしていなかったり、統合されていなかったりするもの。概念構造が、学習前から学習後にかけて維持されており、崩れないでいるもの。
(2) 学習後のコンセプトマップに新しい概念が含まれているが、概念的リンクが全体として増えていないもの。
(3) 学習後のコンセプトマップに、学習前のコンセプトマップからの重要な変化が示されていないもの。具体的には、構造的な豊かさ(リンク)が見られなかったり、説明力(意味)が弱かったりするもの。

非学習
(1) 学習前から学習後へのコンセプトマップにおいて、既有知識が維持されており、崩れないでいるもの。
(2) 学習前から学習後へのコンセプトマップにおいて、概念構造の重要な再構成が欠落しているもの。
(3) 学習後のコンセプトマップにおいて、新しく導入された概念が欠如しているもの。
(4) 学習後のコンセプトマップにおいて、新しく発展したリンクが欠如しているもの。
(5) 学習前に示されたリンク構造から、新たに発展させた意味あるリンク構造が欠如しているもの。

(注) Hay (2007), pp.43-44を若干修正の上、まとめたものである。

(cf. Gergen & Gergen, 1986; 溝上, 2001; やまだ, 2000) や、アンブロースら (Ambrose et al., 2010) が指摘するような、既有知識とのリンクの質を見ていくという考え方——アンブロースらは、学習における既有知識との接続において、「非活動型」「不十分型」「不適切型」といった、少なくとも3つの問題類型があると指摘している——が込められている。既有知識とのリンクについては、第3章第2節(1)で紹介したマズールのピアインストラクション、ピアインストラクションでなくとも自然科学のクリッカー使用の授業でも、頻繁にその重要性が指摘されている——自然科学の授業なので、そこでは既有知識という用語よりかは、「前概念 (preconception)」や「素朴概念 (naïve conception)」という用語のほうが多く用いられている (新田, 2011; Wood, 2004 など)——。

ヘイの提案する学習へのアプローチのアセスメントは、学習前と学習後のコンセプトマップを比較して、上記の基準に沿って判定するというものであった。しかしながら、松下・田口・大山 (2013) が指摘するように、学生が既有知識をあまり持っていないと予想されるコース (授業科目) では、労力に見合うだけの成果が得られないという問題もある。また、コンセプトマップの質をルーブリックを用いて評価するという方法もある。このあたりは、課題に対して持っている知識と理解を可視化させるツールとしてのコンセプトマップを、どのようにアセスメントや評価に使っていくかという問題であり、今後のさらなる検討が待たれる。

(4) コースデザインの観点——筆者のコンセプトマップの使用例を通して

学習への深いアプローチを採ったか否かを見る可視化ツールとしてのコンセプトマップを、いつ作らせるかと考えるとき、そこでは、コースのどの段階、どの時期に実施するか、コンセプトマップ作成に向けて手前の授業をどのようにデザインするかという、コースデザインの問題が自ずと絡んでくる。ここでは、第3章第2節(1)で紹介した、筆者の「自己形成の心理学」という200人相手の大人数講義で、コースの最後に実施するコンセプトマップ (図4-4を参照) を例にして、議論を進める。

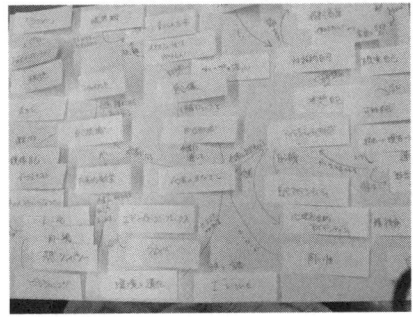

図4-4　筆者の授業（自己形成の心理学）でのコンセプトマップの作成風景

　筆者は、学習アプローチを判定するためにコンセプトマップを使用するのではなく、半期の授業の振り返りとレポート作成のために使用する。具体的には、学生に、それまでの授業内容を復習してくるように案内した上で、授業で半期の授業を振り返らせ、学んだことを自由にポストイットを用いて書き出させる、構造化させる。教科書や過去のレジュメなどは見ながらでもいいとされるが、90分のなかでコンセプトマップを仕上げ、それを見ながら最終レポート（A4判手書きで2枚）まで書いて提出しなければならないので、実際には、学生たちには、教科書や過去のレジュメなどをゆっくり見直しながらコンセプトマップを作るという時間的余裕はない（この点も、事前に学生には伝えている）。なお、作成の前には、表出する知識や概念は、授業のなかで教えられたものをできるだけ多く書き出すこと、ただし、授業前、授業に関係なく、自分ですでに知識や見方として持っていたものも自由に書き加えてよい、という教示を与えている。

コンセプトマップを作らせた上で、レポートを書かせる方式を採るようになって思うのは、学生たちにとって、この作業が、授業全体をくまなく振り返る、良い時間になっているということである。ハンドら (Hand, Sanderson, & O'Neil, 1996) は、アクティブラーニングとディープラーニングを重ねるための方法の一つとして、コルブら (Kolb, 1984; Kolb & Kolb, 2005) の経験学習 (experiential learning) のサイクルにもとづく、活動のリフレクションを挙げるが、理論的に、ここでの作業はそれに近いものと考えられる。最終のレポートを兼ねているので、また時間的制約もあるので、学生たちは短い時間のなかで頭をフル回転させて、必死に関連する知識や概念を書き出し、構造化し、自分の言葉でレポートにまとめなければならない。大変な作業であるが、やり終えると、この授業で学んだこと、考えたことが、自分の言葉で可視化され、充実感もある (と学生たちは言ってくれる)。実際には、90分で仕上げられない者が毎年半分いるので、最初からは言わないのであるが、授業の最後に、翌朝のある時間までは、遅れて事務室に提出することを認めることも伝える。

　教員側からすると、コンセプトマップを見ながら最終レポートを読むと、何が書かれているかがコンセプトマップを見ることで構造的にすぐにわかり、読む時間が短縮されるというメリットもある。また、この作業をすることを、授業最初のイントロダクションや、コース途中でも何回かアナウンスするので (私の授業では、コンセプトマップ作成にあたって、ポストイットを各自が持参するようにしているので、そのアナウンスを兼ねて、作業が後で控えていることを伝えている)、学生たちは、ただ講義を聴いたり、クリッカーの問題に楽しく回答したりするだけでは、最後のコンセプトマップの作業を仕上げられないことを理解するようになる。このことは、最後のコンセプトマップの作成に向かって各回の授業にしっかり参加する、学習に動機づける仕掛けともなっている。これらは、コースデザインの観点から見えてくるコンセプトマップ使用の効用である。

第2節　授業外学習時間をチェックする

次に紹介するアクティブラーニング型授業の質を高める工夫は、受講学生の授業外学習時間をチェックすることである。

第3章第1節(2)で示したタイプ3の、戦略性の高い学生主導型のアクティブラーニング型授業は、教室内での学習のみならず、教室外の学習まで含めて、総合的にデザインされているものが多い (cf. Fink, 2003)。マズールのピアインストラクションでは、テキストの予習が授業展開の基礎となっていたし (第3章第2節(1) を参照)、LTD話し合い学習法もPBL (Problem-Based Learning) も (第3章第2節(4) を参照)、どれを取ってみても、教室内での学習だけで十分だと考える戦略はないといっても過言ではないほどである。

筆者の授業「自己形成の心理学」では、非常に簡単なものだが、毎回提出するワークシートの最後に、下記の質問を入れて、学生の授業外学習時間をチェックしている。成績には関係しないので、正直に回答するようにただし書きもしている。2013年度の授業では、**図4-5**のような授業外学習時間（平均）の結果を示した。度数分布と平均を見て、大きく30分以下の者と30分〜1時間の者の二層に分かれると理解されるが、①なし (0分) と答える者は少ないことが、このようなチェックからわかる。

Q. 今日の授業の予習（テキストを読む、復習など）に費やした総時間は？
①なし　②30分以下　③30分から1時間　④1時間から1.5時間　⑤2時間以上
　　　　　　　　　　　　　*回答は成績には関係しませんので、正直に答えてください。

筆者の場合、基本的に、このような結果を見て、学習内容や授業・コースデザインを変えたりすることはないのだが、一般的には、このような授業外学習時間のチェックをおこなうことで、教員は受講学生が授業外学習をどの程度おこなっているかを、その回、その回の学習内容と照らし合わせて確認することができるだろうし、受講学生も授業外学習が求められていることを毎回確認することにもなり、有益であると考えられる。もちろん、このような結果を見て、受講学生が授業外学習をしっかりやっていないということならば、授業内で指導を入れる必要があるだろう。

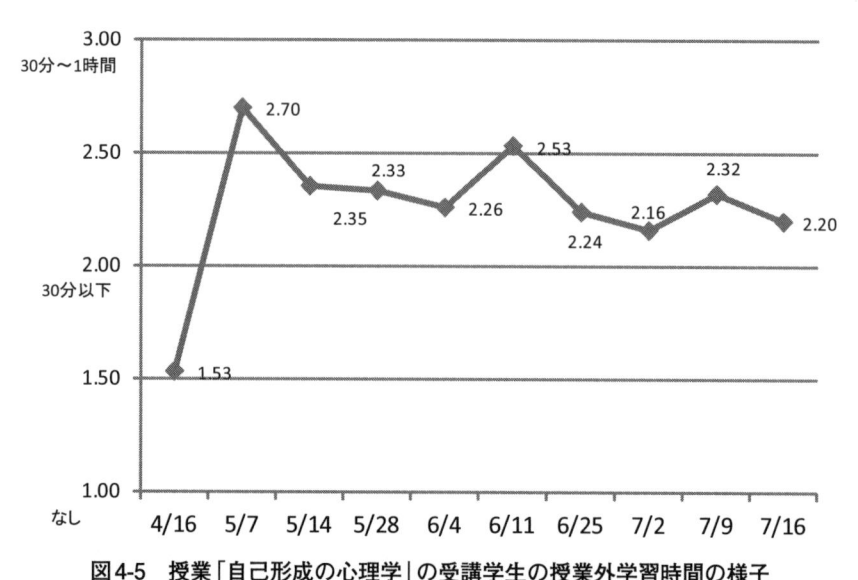

図4-5　授業「自己形成の心理学」の受講学生の授業外学習時間の様子

(注)すべての授業日でワークシートを課すわけではないので、ここで示すのは、ワークシートを課し、授業外学習時間を尋ねた週だけの結果である。

　授業外学習は、アクティブラーニング型授業の戦略に従って、予習や復習、宿題や課題といった作業を求められるものが中心となる(関田, 2013)。しかし、授業外学習は、それらの作業を含めて、学生自身が、学習内容をしっかり理解するための活動となることが基本である。筆者の受け持ついくつかの授業においても、例外なくそうであるが、アクティブラーニング型授業は、その戦略性が高まれば高まるほど、授業時間内でのさまざまなユニットが分単位で構成されることになり、教員は矢継ぎ早に次々と課題を提示し、学生に活動(グループ学習やディスカッションなど)をさせることになる。その結果、学生は授業時間内で、ゆっくり理解したり考えたりする時間が十分に取れないことが多くなる。その点からすると、学生にとって授業外学習は、単に予習や復習、課題を済ませれば終わりなのではなく、自身の理解を確認したり、前節で述べたような既有知識や経験とつなげたり、授業で出てきたわからない言葉や知識を調べたりして、積極的に学習内容の理解の質を高めるための「個人的な学習時間・空間」とならなければならない。また、教員は、そう

なるための指導を、事あるごとに授業内でしていかなければならない。

さて、筆者は、以上で述べる授業外学習、さらにはその時間をチェックすることを、なにも日本人大学生の授業外学習時間を闇雲に延ばすために提起しているわけではないので、この点は補足して説明しておく。

周知のとおり、日本の大学生の授業外学習時間が短すぎると懸念されている（Fukuda・坂田, 2010; 葛城, 2013; 吉田・金西, 2012）。データもかなり出そろっていて、収集サンプルや質問のしかたによって若干の違いはありながらも、おおよそ6～7割近くの大学生の授業外学習時間が、週に5時間以下しかないと報告されている（藤村, 2013; 葛城, 2008; 溝上, 2009, 2011, 2012; 谷村・金子, 2009; 山田, 2007; 保田・溝上, 2014）。中央教育審議会『新たな未来を築くための大学教育の質的転換に向けて―生涯学び続け、主体的に考える力を育成する大学へ―（答申）』（2012年8月28日）では、このような現状を受けて、学修時間の確保を謳っている。

質的転換答申が述べる学修時間の確保の第一の理由は、言うまでもなく、大学設置基準第二十一条の単位制度の規定から見ての学修量の少なさを問題とするものであるが、もう一つの理由は、国際的な信頼の指標としての学士課程教育の質保証にある。つまり、「知識・理解」「汎用的技能」「態度・志向性」「統合的な学習経験と創造的思考力」を構成要素として成る学士力の質を保証するためには、「事前の準備、授業の受講、事後の展開といった能動的な学修過程に要する十分な学修時間」（質的転換答申, p.13）が必要不可欠だと言うのである。

筆者は、この質的転換答申が謳うような大学生の授業外学習時間の問題について、これまで高い関心を示してきた（溝上, 2009, 2011, 2012; 保田・溝上, 2014）。関田（2013）が述べるように、授業外学習時間を延ばせば、学生の主体的な学びが創造されるというものではなく、その意味で、多くの関係者が、ただ授業外学習時間を延ばせばいいというものではないだろうと、批判的に見るのは理解できる。しかし、筆者は、日本人の授業外学習時間（6～7割は1週間に5時間以下）は、このような学習の質を議論していく段階にあるものではないと考えている。量（時間）があまりに少なすぎるからである。だから、

質の議論は後回しでもいいので、まずは量を増やすこと（時間を延ばすこと）が、先決事項だと考えている（溝上, 2011）。これは、アクティブラーニングと同じで、まずは形を求める、形から入る政策的な考え方でもある。人はそこまでバカではないので、活動をすれば、そこに意味を求める。形（量）が整えば、その形に意味をつけるべく、改善（質）をおこなう。そのとき、量は質への検討へと転換する。転換しない大学や学部、教員も必ずいるので、転換を促す政策も後には打ち出す。筆者はこのように考えている。

　話を戻して。筆者が本節で述べてきた授業外学習時間のチェックは、アクティブラーニング型授業の質を高めるための工夫であって、日本人大学生の授業外学習時間を延ばすためではない。ここは分けて考えている。もちろん、多くの教員が授業をアクティブラーニング型授業へと転換し、戦略的に授業・コースをデザインし、受講学生が授業外学習を当然のようにおこない、その結果として、日本人大学生全体の授業外学習時間が延びるということは大いに期待している。しかし、ここでは、それ自体が目的ではないことを補足しておきたい。

第3節　逆向き設計とアセスメント

　アクティブラーニング型授業の質を高める第三の工夫は、ウィギンズとマクタイ（Wiggins & McTighe, 2005）の提唱する「逆向き設計（backward design）」で、授業・コースをデザインすることと、それに併せて、多角的にアセスメントをおこなうことである。

　まず、逆向き設計とは、「真正のアセスメント（authentic assessment）」論（学校のなかだけでの閉じた評価ではなく、仕事や市民生活といった実社会に通ずるパフォーマンス課題や活動をアセスメントするもの。また、そのアセスメントをおこなうプロセスや方法のこと）のなかで出されたもので、たとえば15回のコース（科目）を、ひいてはそれぞれの授業をデザインするときに、「1. 求められる学習成果を見定める」「2. アセスメントの方法・根拠を決める」「3. 授業のしかたと学習の進め方を計画する」の順序で考える、授業・コースデザインの

第4章 アクティブラーニング型授業の質を高めるための工夫　121

方法のことである（**図4-6**を参照）（西岡, 2008も参照）。

　逆向き設計は、従来の授業・コースデザインと、方向性（向き）の点で大きく異なる。従来の一般的な方法だと、授業・コースデザインは、何を、どのように教えるかを考えて、それにもとづいて授業・コースをデザインしていくことが多かった。もっとも、アクティブラーニング導入以前の、伝統的な教員から学生への一方向的な知識伝達型講義であれば、「どのように教えるか」はほとんどなくて、「何を教えるか」だけで、授業やコースがデザインされるのかもしれない。それに対して逆向き設計は、言葉通り、コースの終点から逆向きに授業をデザインする、成果焦点型（results-focused）の授業・コースデザインである。つまり、コースの最後で、どのような学習成果を学生に求めるかを最初に見定めて、そのためにどのような方法・根拠でアセスメントをおこなうかを決め、それにもとづいてどのように各回の授業をおこなうか、どのような学習を学生に促すか、といったように、コースの終点を見定めてから、起点以降の授業やコース、アセスメントを計画するのである。

　また、アセスメントや評価について、これまでは、コースの最後に試験やレポートで評価するだけ、あるいは、試験の問題やレポートの課題も、後から（コースの終わりに近づいたところで）考えることが多かったかもしれない。しかし、逆向き設計では、先にアセスメントの方法や根拠を考えて、それに

1. 求められる学習成果を見定める
2. アセスメントの方法・根拠を決める
3. 授業のしかたと学習の進め方を計画する

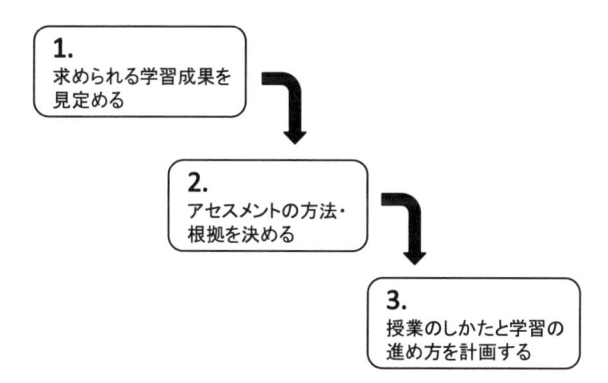

図4-6　逆向き設計の三段階プロセス

(注) Wiggins & McTighe (2005) のFigure 1.1 (p.18) をもとに作成

もとづいて授業のしかた（内容や方法など）や学生の学習を後から計画する。学生にはあらかじめ、最後にどのような方法や根拠をもってアセスメントがなされるかを示しておくと、学生の学習がはじめから、授業者の求める学習目標に向かって積極的になされていくという報告もあるので（Gibbs & Simpson, 2004）、そうした話にもつながるものである。

　逆向き設計は、より質の高いアクティブラーニングを実現するために提唱されたものではない。しかしながら、大学教育が、「教員から学生へ」「知識は教員から伝達されるもの」を特徴とする教授パラダイムから、「学習は学生中心」「学習を産み出すこと」「知識は構成され、創造され、獲得されるもの」「プロセス」「変化」を特徴とする学習パラダイムに移行するにつれ（第2章第1節(2)を参照）、また、検索型の知識基盤社会に呼応して、「情報の知識化」「知識の活用」「知識の共有化・社会化」「知識の組織化・マネジメント」といった情報・知識リテラシーの育成が求められるようになるにつれ（第2章第2節(5)を参照）、大学での教授学習には、これまでの知識理解以上の学習成果が求められるようになっている。逆向き設計は、そのような高度で多次元化した学習成果に、学生をしっかり導くべく、学習成果・アセスメントをしっかり見定めてから、授業・コースデザインをおこなうことを目指すものである。

　さて、授業・コースが、求められる学習成果を起点として逆向きにデザインされねばならないことは理解されたとして、次に問題になるのは、アセスメントの方法である。第2章第2節(1)で述べたように、アクティブラーニング型授業は、知識の習得だけでなく、技能・態度（能力）の育成まで含めて、もっと言えば、フィンク（Fink, 2003）の意義ある学習経験から示されるような「関心を向ける」「学び方を学ぶ」といったような、広く人格的・人間的成長にまでわたる学習成果が求められるようになっている。

　単純に、知識理解を問うアセスメントや評価であれば、これまでのように、小テスト、レポートや試験で十分であったかもしれない。しかし、知識理解と一言で言う場合にも、ひとたび、ウィギンズとマクタイ（Wiggins & McTighe, 2005）が、理解（understanding）を①説明、②解釈、③活用、④観点

(perspective)、⑤共感、⑥自己知識の6側面から、まさに理解できると説明すること（第3章第2節(4)を参照）を反映させてアセスメントしようと思えば、あるいは、本章第1節で見た、学習への深いアプローチを採ったか否かをアセスメントしようと思えば、もはや小テストやレポート、試験だけでは不十分である。本章第1節(3)では、学習への深いアプローチを可視化するツールとして、コンセプトマップを紹介し、その判定基準も紹介したが、作られたコンセプトマップに対するアセスメントは、学習アプローチの深い・浅いだけでなく、たとえば、知識理解や論理的思考の程度などの観点からアセスメントすることも可能であるかもしれない。ここでは、このような問題状況を克服して、アセスメントを可能ならしめるツールとして、ルーブリックを紹介する。アクティブラーニング型授業が基本的な活動として求める、書く・話す・発表するなどの活動を、技能や態度としてアセスメントする場合にも、ルーブリックは有用である。

「ルーブリック(rubric)」とは、課題や成果物に求める到達を、複数の観点（知識理解や技能・態度・パフォーマンスなど）から評価規準として示し、その観点ごとに作られる詳細な記述語をもってスケール化（段階）して、全体のマトリックスを構成し、課題や成果物の質的な到達を量的に点数化してアセスメントするツールのことである(Andrade, 2000; Popham, 1997; Stevens & Levi, 2005)。多くの場合、長期プロジェクトやレポート、研究論文、パフォーマンス課題など、複雑な課題や成果物をアセスメントする際に用いられる。

表4-3に、新潟大学歯学部の初年次教育科目「大学学習法」での、レポート評価のルーブリック事例を紹介する(松下・小野・高橋, 2013)。このコースでは、新入生60名に対して、15週30回で授業をおこない、自作のテキストを使用して、図書館の利用方法、コンピュータを用いた情報検索や通信の基本技術、レポートの書き方やプレゼンテーションのしかたなどについて、講義・演習をおこなう。学生は、講義や演習で教えられた知識や技能を用いて、レポートを作成し、プレゼンテーションをおこなう。その過程では、問題解決能力・論理的思考力・表現力を身につけることが目標として課せられている。表4-3で紹介するのは、このなかでレポート評価をおこなうためのルー

表4-3 レポート評価のルーブリックの例

観点	知識・理解	問題発見	情報検索	論理的思考と問題解決	文章表現
観点の説明	日本が直面する社会問題は、さまざまな要因が複雑に関連していることを理解する。	与えられたテーマに意欲的に接するなかで、疑問や問題を見いだす。	問題解決に必要な情報を収集し、その信頼性を吟味する。	収集した信頼できる情報をもとに、根拠ある意見を導きだす。	収集した情報と自分の意見を、結論にいたる過程を含めて、的確に表現する。
レベル3	自分が選択した話題について、多面的・多角的に検討し、その本質を理解している。	与えられたテーマから自分で話題を設定し、その問題を取り上げた理由や背景について述べている。	必要な情報を書籍およびウェブサイトなどから収集し、レポートの最後に出所を確認できる形で引用文献として記載している。	収集した情報を相互関連的にとらえ、分析的・実証的・論理的に考察し、根拠ある意見を導きだしている。	課題の選択から結論にいたる論理的な組み立て、記述の順序、パラグラフの接続が整っており、おおむね首尾一貫した文で書かれている。
レベル2	自分の選択した話題について、多面的・多角的に検討しているが、その本質の理解は不十分である。	与えられたテーマから自分で話題を設定しているが、その問題を取り上げた理由や背景の内容が不十分である。	必要な情報を書籍およびウェブサイトなどから収集しているが、その収集が不十分、あるいは信頼性の低い情報が散見される。	自分なりの意見を導き出しているが、収集した情報、あるいは考察が不十分で意見の根拠が薄弱である。	話題の選択から結論にいたるアウトラインはおおむね整っているが、記述の順序やパラグラフの接続に問題がある箇所が散見される。
レベル1	自分が選択した話題について、一面での理解にとどまっている。	与えられたテーマから疑問や問題を見いだせず、自分なりの話題が設定されていない。	情報の信頼性が批判的に吟味されていない。あるいは、レポートの最後に引用文献が記載されておらず評価できない。	情報収集のみで、自分の意見がない。あるいは、意見と感想の混同が見られる。	話題の選択から結論にいたる過程の記述が曖昧で、論理の流れを理解できない。
留意事項			信頼できる情報とは、大学、公的機関、学会、各種団体、新聞などの情報をさす。一方、信頼性の低い情報とは、作成者や所属が書かれていないものや個人のブログなどの情報をさす。	根拠ある意見とは、信頼できる情報をもとに、論理的に考えて導きだされた意見であるが、情報源が示されていないと、信頼できる情報に基づいているか判断できない。したがって、引用箇所に肩番号がついていない場合は、評価は「レベル2」か「レベル1」となる。	文章構成を重視し、基本的に個々の文や表現の稚拙さなどは評価しないが、あまりに長い文や主語と述語の不一致など読者に誤解を与えるおそれのある文が多い場合は評価は「レベル2」か「レベル1」となる。
			必ずしも書籍からの情報収集は必須ではない。	意見の有用性や実現可能性などの価値判断は、教員個々人により異なるため評価に含めない。	

(注) 松下・小野・高橋 (2013)、表1 (p.111) より許可の上、転載。
現在、このルーブリックは3レベルから4レベルに修正して、使用されているようである。

ブリックである。このルーブリックでは、①知識・理解、②問題発見、③情報検索、④論理的思考と問題解決、⑤文章表現の5つの観点からアセスメントされるように構成されている。それぞれの観点は、3つのレベルから判定されるようになっており、レベル1からレベル3にかけて高い得点が与えられるようになっている。もっとも、④論理的思考と問題解決の観点については、定義や観点と指導との関係があいまいだという反省がなされ、別途、十字モデルにもとづいたルーブリックに改訂されている（詳しくは、松下・小野・髙橋, 2013を参照）。

第4節 カリキュラム・コースシステムとして発展させるアクティブラーニング型授業

(1) 他のコースとの関連、学年配置を考える──カリキュラム・ディベロップメント

アクティブラーニングのカリキュラム化

　第4節からは、大学や学部が組織的におこなうアクティブラーニング型授業の質を高める工夫を紹介する。まず、アクティブラーニング型授業を、カリキュラムやコースシステムの観点から発展させることである。

　アクティブラーニングは、一授業のなかでの話が基本である。なぜなら、学習の形態を、一授業のなかで問うのがアクティブラーニングだからである。しかし、多くの場合、アクティブラーニング型授業をいったん採り入れ、授業を、学習内容も含めた学習目標の到達に向けてしっかりデザインしようとすると、すぐさま、それはコースデザインの問題となる。直接的には、本章第3節で、逆向き設計のコースデザインとして紹介した。それ以外にも、本章第1節(4)では、学習への深いアプローチを導入し、その可視化ツールとしてのコンセプトマップをいつ作らせるかと考えるとき、そこにコースのどの段階、どの時期に実施するかという、コースデザインの問題が絡むことも述べた。

　一授業がコースデザインの話として発展するならば、この話はカリキュラ

ムデザインにまで発展するはずである。中央教育審議会『我が国の高等教育の将来像（答申）』（2005年1月28日）ではじめて提示された3つのポリシー（アドミッション・ポリシー／カリキュラム・ポリシー／ディプロマ・ポリシー）のなかで、ディプロマ・ポリシーにしたがったカリキュラム・ポリシーの策定を出すまでもなく、近年のカリキュラムは教育の質保証、出口の学習成果をにらんで、成果ベース（outcomes-based）で構築されるようになってきている（cf. 沖, 2007; 佐藤, 2011）。個別のコースの学習目標は、この出口の学習成果をにらんで、カリキュラムとして位置づけられ、設定されるようになってきている。

　この問題意識それ自体は、質保証から3つのポリシーへと分解して、その観点からの学士課程教育の構築を促すものである。アクティブラーニングは、この話に直接的には関係がない。しかし、表2-3（p.47）で示した学士力の構成要素のなかに、知識・理解だけでなく、技能・態度（能力）（汎用的技能／態度・志向性／統合的な学習経験と創造的思考力）が入ってきており、もはや知識の習得だけで学士課程教育が成り立つわけでないことは、見てきたとおりである。出口の学習成果として求められる知識・技能・態度（能力）の育成が、4年間（6年間）の学士課程教育のなかで、知識とも絡めてどのようにカリキュラム化されるかが問われているのである。アクティブラーニングは、ここで絡んでくる。こうして、一授業・一コースの問題として考えられてきたアクティブラーニングが、カリキュラムの観点からも考えられなければならなくなってくる（＝アクティブラーニングのカリキュラム化）。

河合塾のアクティブラーニング調査

　全国の大学におけるさまざまな学科（専門分野）で、アクティブラーニングのカリキュラム化がどの程度進展しているかを調査してきたのは、河合塾（2011, 2013）である。そこでは、さまざまな専門分野の学科を対象に、アンケート調査・ヒアリング調査がおこなわれた。質問は大きく、初年次ゼミ、知識定着・課題解決を目的としたアクティブラーニング科目、（文系学科の）専門ゼミ、卒業論文・卒業研究についてなされ、それらをアクティブラーニング型授業だと見なして、各学年のなかでどの程度実施されているかを分析している。なお、知識定着を目的としたアクティブラーニング科目（一般的

AL）とは、「専門知識の定着を目的として、ケーススタディ、実験、演習・実習などを実施している科目のこと」と定義され、課題解決を目的としたアクティブラーニング科目（高次AL）とは「専門知識を活用して、PBLやモノづくりのような創成型授業などに取り組む科目のこと」と定義されている。

　調査の結果から明らかになったことは、第一に、初年次ゼミは文系学科のほうが理系学科よりも多く設置されていることである。考察では、理系は初年次から専門基礎科目などが必修になっており、文系学科に比べると、時間的な余裕がないのではないかと議論されている。第二に、知識定着・課題解決を目的としたアクティブラーニング科目が、各学年でどの程度設置されているかを見た結果についてである（図4-6を参照）。知識定着は、専門知識の定着と限定されており、教養科目や一般教育科目を対象としていないことを前提として見なければならないが、全体平均では、一年生よりは二年生に、知識定着を目的としたアクティブラーニング科目の多いことが見て取れる。第三に、知識定着を目的としたアクティブラーニング科目は、三年生、四年生にかけて少なくなり、代わって、とくに三年生で、課題解決を目的としたアクティブラーニング科目が増えることを明らかにしている。そのような知識定着から課題解決の流れは、カリキュラムが三年生、四年生の専門ゼミや卒業論文・卒業研究といった、専門教育の仕上げ（capstone）に向かって構成されているからだろうと考察されている。

　さて、アクティブラーニングのカリキュラム化がどのようになされているかは、実際には個別の大学・学部・学科を一つ一つ見ていくことでしか、なかなか見えてこない。河合塾（2013）では、この点に関する30の学科別の状況が、ヒアリング調査をもとに具体的に紹介されているので、興味のある方はそれをご覧いただきたい。ここでは、講演録や本を通して詳しく説明がなされている、共愛学園前橋国際大学国際社会学部国際社会学科（国際社会学部国際社会学科だけの単科大学なので、以下「共愛学園前橋国際大学」と称する）と立教大学経営学部を紹介しておく。

　共愛学園前橋国際大学では、50名以下の科目が全体の83％を占め、そのなかでも、11〜20名のサイズの科目がもっとも多い。徹底的な少人数教育

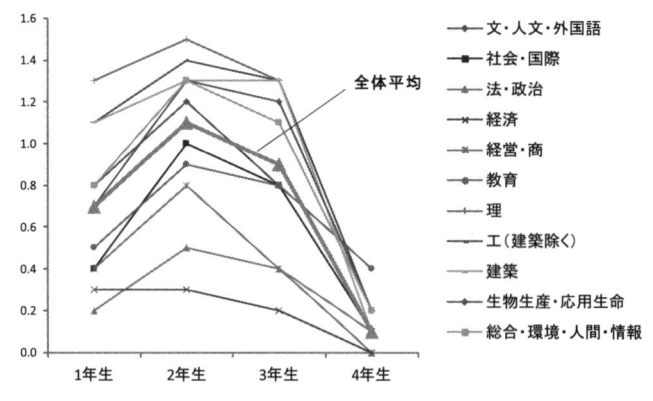

知識定着を目的としたアクティブラーニング科目（一般的AL）

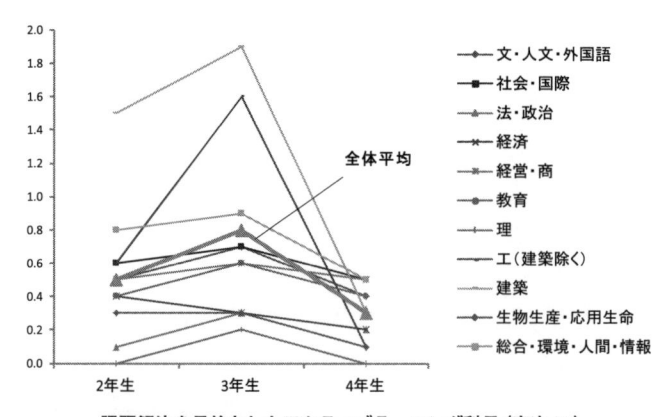

課題解決を目的としたアクティブラーニング科目（高次AL）

図4-6　学年・専門分野別に見たアクティブラーニング科目の実情
(注) 河合塾編 (2013)、図表19 (p.31)、図表20 (p.32) より作成

がおこなわれている。FD研修によって教員間の合意形成をしっかりおこない、アクティブラーニング型科目は全体の75％というほど、学科全体をあげて、アクティブラーニングの推進がおこなわれている。**図4-7**に示されるように、共愛学園前橋国際大学のカリキュラムは、学年ごとに、基礎→実践・気づき→専門→研究へと系統化されており、それにしたがって、1年次では基礎ゼミ、3年次では課題演習（ゼミ）、4年次では卒業研究が配置され

第4章 アクティブラーニング型授業の質を高めるための工夫　129

ている。知識定着を目的としたアクティブラーニング科目（一般的AL）が、1年生から3年生への基礎→実践・気づき→専門の中心となりながらも、他方で、基礎ゼミ（1年次）から課題演習（ゼミ）（3年次）のあいだの2年次を埋めるように、課題解決を目的としたアクティブラーニング科目（高次AL）が多く設定されている。河合塾（2013）には、共愛学園前橋国際大学の講演録も併せて掲載されているので、詳しくはそれをお読みいただきたい。

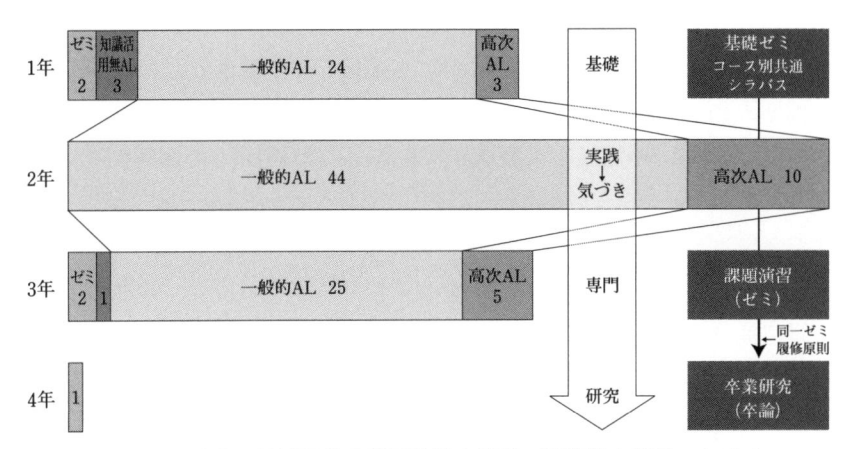

1年	ゼミ2	知識活用無AL 3	一般的AL 24	高次AL 3	基礎	基礎ゼミ コース別共通シラバス
2年			一般的AL 44		実践↓気づき	高次AL 10
3年	ゼミ2	1	一般的AL 25	高次AL 5	専門	課題演習（ゼミ） →同一ゼミ履修原則
4年	1				研究	卒業研究（卒論）

図4-7　共愛学園前橋国際大学国際社会学部・国際社会学科におけるアクティブラーニング科目のカリキュラム配置（2011年度）

（注）河合塾編（2013）、図表50（p.251）より、許可を得て転載。

授業形態	1年次 前期	1年次 後期	2年次 前期	2年次 後期	3年次 前期	3年次 後期	4年次 前期	4年次 後期
関連科目		●マーケティング	●ファイナンシャル・マネジメント ●マーケティング戦略論 ●財務分析					
一般的AL				BL3-A（経営学科） BL3-B（経営学科） BL3-C（経営学科）				
高次AL	BL0	BL1（経営学科） EAP1（国際経営学科）	BL2（経営学科） EAP2（国際経営学科）		BL4（経営学科） BBP（国際経営学科）			
ゼミ		初年次ゼミ	専門ゼミ		専門ゼミ		専門ゼミ 卒業論文	

注1）一般的AL：知識定着を目的としたアクティブラーニングのこと。
　　高次AL：知識を活用し、課題解決を目的としたアクティブラーニングのこと。
注2）□囲みの科目は必修科目（コース必修を含む）
注3）●は、記載年次より上の年次でも履修可能な科目

図4-8　立教大学経営学部のアクティブラーニング科目のカリキュラム配置（2010年度）

（注）河合塾編（2013）、図（p.236）より、許可を得て転載。

立教大学経営学部では、「BLP (Business Leadership Program)」と呼ばれるビジネス・リーダーシップ・プログラムを中核に据えて、4年間のカリキュラムを編成している(図4-8参照)。ここでいうリーダーシップは、問題解決を通して、他者や集団に積極的に働きかけていく能力のことで、権限や役職を持った一部の人が特別に備える能力ではなく、誰もが持つべき能力として、育成が考えられている(日向野, 2013)。河合塾のアクティブラーニング調査では、BLPは課題解決を目的としたアクティブラーニング科目と位置づけられている。BLPは、学年ごとに、BL0 (1年前期)→BL1 (1年後期)→BL2 (2年前期)→BL3 (2年後期)→BL4 (3年前期)と連続して配置されており、各学年の前期のBL0・BL2・BL4が問題解決のグループプロジェクト、BL1・BL3がスキルを教える科目として配置されている。講義科目との連携も図られており、たとえば、BL1が基礎科目群の「マーケティング」と、BL2が「ファイナンシャル・マネジメント」や「マーケティング戦略論」「財務分析」と連携している。詳しくは、河合塾(2013)でも紹介されているし、最近刊行された日向野の『大学教育アントレプレナーシップ』(ナカニシヤ出版、2013年)では、BLPを立教大学経営学部に導入していった経緯も書かれているので、興味のある方はそれらをお読みいただきたい。

最後に、以上のようなアクティブラーニングのカリキュラム化は、PBL (Problem-Based Learning)で、もっと組織的におこなわれている。第3章第2節(4)では、PBLを一授業・コースの範囲で説明したが、医療系の大学・学部／大学院のなかには、PBLを基本に据えてカリキュラムを作り直す、いわゆる「PBLカリキュラム」なるものが開発・運営されている(たとえばDuck, Groh, & Allen, 2001; 大久保, 2007)。併せて紹介しておく。

(2) 授業を週複数回にする

昨今、日本の大学では、単位制度の実質化の問題を、1単位10週あるいは15週の問題として受け止め、アカデミック・カレンダー再編の課題として検討しているものが多く見られるが、単位制度の問題は、本質的に学習時間の問題であること(舘, 2007)、そして、その学習時間が学習成果にしっか

第4章 アクティブラーニング型授業の質を高めるための工夫 131

りつながるように授業・コース、ひいては教育のさまざまな側面が有機連関的にシステム化されなければならないことを、十分に理解する必要がある。

　たとえば、単位制度の発祥国である米国で、1コースの授業が週に複数回おこなわれていることを、多くの学者、もちろん高等教育の専門家は知っているにもかかわらず、それがこれまでほとんど本格的に検討されないできたことは、きわめて不思議なことである。近い将来日本の大学教育が実現していかなければならない観点だと筆者は考え、ここで、組織的におこなうアクティブラーニング型授業の質を高める工夫の一つに絡めて、紹介しておく。

　たとえば、米国の講義中心のコースを見ると、多くの場合、1コース(授業科目)は週に複数回に分けて実施されている。しかも、講義中心のコースであっても、講義だけで授業がなされることは少なく、たとえば、講義を週2〜3回、月・水曜日、あるいは月・水・金曜日とおこない、それにTA(ティーチングアシスタント)によるセミナーと呼ばれる演習の授業を、たとえば金・土曜日に加えて、結果週3〜4回の授業から成るコースとするのが一般的である。日本で言えば、高校のような形態に近い(森, 1995, 2003)。特徴は、週複数回授業のみならず、知識獲得を主とする講義型授業と、ディスカッションやグループ学習、プレゼンテーションなどをおこなう、アクティブラーニング中心の演習型授業(セミナー)との組み合わせで、コースが構成されている点にも見られる。

　もっとも、入門レヴェルの語学の授業は週にもっと頻繁に授業がおこなわれているようであるし、とくに学年が上がると、あるいは大学院では、講義だけで、あるいは演習だけで構成されているコース、1日で3時間集中してそれらをおこなうコースなど、日本で言う時間割に則らない形態のコースが少なからず見られる。しかし、少なくとも、カリキュラムナンバーの低い1・2年生が多く受講する科目では、週複数回で授業がおこなわれており、比較的一般的な特徴として認められる。また、米国で、講義＋演習のコース形態が一般的に認められると言っても、米国人のなかに、リベラルアーツカレッジの卒業生などを除き、昔(1970〜1980年代)はディスカッションやグループ学習、プレゼンテーションなど、授業には併設されていなかったと回

顧する者が多いことや、アクティブラーニング自体が米国でも1990年代以降に広く普及し始めたことなどを併せて考えると、米国でも、講義＋演習のコース形態は、さほど昔から採られてきたコース形態ではないとも理解される。

　米国とは対照的に、日本のコースの特徴は、週に1回だけ授業がおこなわれる点にある（森, 1995, 2003）。清水（1998）によれば、日本の単位制度は制定当時、米国の単位制度にならって週複数回授業が期待されたが、結果的にこの重要性は看過され、1コース週1回、かつ「講義科目」「演習科目」の二項的分類のもと制定されてしまった（この検討から、実験・実習・実技等は除外する）。こうして、今日見られるように、戦後の日本の大学のコースは講義型コースと演習型コースとを明確に分離させて、二項対立的なコース・授業形態にしたがっておこなわれることとなった。

　アクティブラーニングの観点から見ると、週複数回授業を基盤とした、講義＋演習のコース形態はたいへん興味深いものである。授業と授業の間にさほどの日にちがあかないので、学生にとっては、予習や復習など、集中して学習に取り組めることとなり、教員にとっては、比較的細やかに作業課題を課したり、学生の既有知識や理解度を見て、学習の進度や課題を追加・修正したりすることができる。日本のような、一授業90分のなかで、講義と演習（アクティブラーニング）を両立させるのは、実際にはなかなか難しいので、週複数回授業、講義＋演習のコース形態が採れれば、アクティブラーニング型授業は格段にやりやすくなる。もちろん、コース形態だけで、アクティブラーニング型授業の抱えるさまざまな問題が解決されるとまでは言わない。しかしながら、少なくとも、講義型コースで、アクティブラーニング型授業を戦略的に進めていくには、理想的な形態だと考えられる。

　演習型コースを考えても、週複数回授業のメリットはある。つまり、日本のように、講義型コース・演習型コースと峻別すると、演習型コースでは、知識を活用したり、知識を問題場面に適用したりする活動に終始しがちになる。演習の内容に絡んで出てくる新たな知識を、そのコースのなかでしっかり学習させる、講義するということも、難しい場合が多いだろう。この問題

は、他のコースで既習しておくべき知識が習得されていないということで、他のコースとの関連、カリキュラムの構造的問題に帰せられることが多いが、筆者は、それはそのとおりだが、1コースのなかでも併せて、対応していくべき問題だとも考えている。つまり、演習型コースであろうとも、講義＋演習の形態をとり、演習型コースとは、講義＋演習における演習の割合が全体的に高い授業だと定義するのである。週複数回授業は、このコース形態を具現化する。こうすれば、演習型コースであろうと、必要となる新たな知識をある程度講義をし、その上で演習をおこなうことができる。

　こうして思考を進めると、日本のように、コースを講義型・演習型と峻別することが、少なくともアクティブラーニングの観点からは、問題を多くはらむことが理解されよう。アクティブラーニングの観点からは、実習や実験・実技科目、卒業研究は別として、大学教育のコースはすべて講義＋演習の形態とすべきである。学年や専門科目の深度などによって、講義中心か演習中心かはさまざまであってよいが、基本形としては、いかなるコースもすべて講義＋演習の形態を採る。結果、アクティブラーニング型授業とする。その上で、講義型コースを、講義＋演習における講義の割合が高い授業であり、演習型コースを、講義＋演習における演習の割合が高い授業だと定義する。筆者の考える理想は、このようなものである。

　個別の大学での教育改革を考えるとき、週複数回授業と講義＋演習のコース形態の構築は別作業であり、両者は、別立てで進められていくものかもしれない。しかし、今なぜ週複数回授業なのかを突き詰めて考えていくと、そこには必然的に、アクティブラーニングや授業外学習の問題の絡むことがわかる。週複数回授業に移行したけれども、コース形態は旧態依然というのは、少し考えにくい。この問題は、多くの大学ではまだまだ難しい課題となっているが、広島大学工学部の数学科目（伊藤, 2011）や福岡女学院大学短期大学部の英語科目（植田, 2009）などで積極的に取り組まれていることは紹介しておく。創価大学経済学部でも、文脈は異なるが、セメスター制への移行に合わせて1コース週2回授業が実施されている（この経緯は、川島・福田著『「世界基準の授業」をつくれ』時事通信社、2012年で詳しく紹介されている）。多くの大

学・学部でのさらなる展開を期待したい。

　なお、中央教育審議会大学分科会・大学教育部会では、2012年12月27日に「柔軟なアカデミック・カレンダーの設定について」(http://www.mext.go.jp/b_menu/shingi/chukyo/chukyo4/015/gijiroku/__icsFiles/afieldfile/2013/01/10/1329416_3.pdf)の議論がなされており、そのなかで週複数回授業がおこなわれるべきだとの委員の意見があることを紹介しておく。

第5節　アクティブラーニングのための学習環境の整備

　アクティブラーニング型授業の質を高めるさらなる工夫は、アクティブラーニングのための学習環境を整備することである。

　筆者の大学の授業では、とくに50人を超える教室になると、教室は、ほぼ例外なく固定式の机での環境となる(図3-3、図3-4を参照、p.75-76)。しかし、大人数の授業であろうと、講義科目であろうと、あらゆる授業が多かれ少なかれアクティブラーニング型授業へと移行している今日において、やはり、この固定式の机の環境はもはや旧時代的だと言わざるを得ないだろう。

　林(2011)は、アクティブラーニングを支援していくために、①アクティブラーニングスタジオ、②ラーニングコモンズ、③コミュニケーションスペースの学習環境を創り出す重要性を指摘している。ここでは、①②について取り上げる。

　①のアクティブラーニングスタジオの実践例の一つとして、林は、米国・マサチューセッツ工科大学(MIT)のTEAL教室(TEALはTeachnology-Enabled Active Learningの略称)を紹介している。教室は、円形のテーブルで議論しやすい空間となっており、また、ディスプレイや電子黒板、クリッカーなどの情報環境が装備され、個人やグループの思考や討論を支援する学習環境となっている。**図4-9**は、1年生対象の初修物理学の授業風景である。写真は、学生たちが、教室の壁にあるホワイトボードに、グループでの議論や検討の過程をまとめて示すように教示され、活動をしている場面である。

　図4-10は、カナダ・ブリティッシュコロンビア州にある新設のリベラル

第 4 章　アクティブラーニング型授業の質を高めるための工夫　135

図4-9　MIT の TEAL 教室：教室の壁のホワイトボードでグループ学習をする

図4-10　クエスト大学カナダの学習環境
（上）メインの教室　（下左）演習室　（下右）廊下に座り込んで活動する学生たち

アールカレッジ、クエスト大学カナダ (Quest University Canada) での授業風景である。学習パラダイムにもとづく学生のアクティブラーニングに、非常に力を入れている。上の写真は、生物学の授業風景である。リベラルアーツカレッジだけあって、授業は20人程度の少人数でおこなわれる。学習環境として興味深かったのは、授業の後半で、4〜5人に分かれたグループ学習をおこなったときである。実は、メインの教室(写真上)の廊下を隔てた向こう側に、写真下左に見られるような丸テーブル、ホワイトボードが備えられた小さな演習室が数部屋併設されていて、グループはその演習室に移動して、課題に取り組んでいた。グループのなかには、写真下右に見られるように、演習室には行かず、廊下で座り込んで作業するグループもあった。演習室がメインの教室と向かい合わせでセットになっているという学習環境は、あまり耳にしないが、興味深い学習環境であることには違いない。また、アクティブラーニングスタジオのような大仰な学習環境を創らなくとも、この程度のもので、十分学生のアクティブラーニングの活動を保障できることもわかる。

　林(2011)では、この他にも東京大学のKALS(駒場アクティブラーニングスタジオ)や嘉悦大学のKALC(Kaetsu Active Learning Classroom)など、多くの事例を紹介している(林, 2010; 望月, 2010も参照)。甲南大学のPBL・グループワーク教室(井上, 2009)も興味深い。いずれにしても、以上のような学習環境がないと、良いアクティブラーニング(型授業)ができないと言っているわけではないが、あれば、いろいろな種類の学習を学生に提供することができる。授業デザインにも幅ができる。所属の教員に、大学や学部が組織的にアクティブラーニングを推進していることのメッセージにもなる。ひいては、アクティブラーニング型授業の質が高まる。

　林が挙げる②の学習環境は、ラーニングコモンズである。「ラーニングコモンズ(learning commons)」とは、図書館、情報技術その他のアカデミック支援を統合して、スタッフの知識と技能、適切な場所への紹介など、使用者に一連のサービスを提供する、機能的・空間的な場のことである。かつ、探究や協働、議論や相談を通して、使用者に学習を促すダイナミックな場のこと

第4章 アクティブラーニング型授業の質を高めるための工夫　137

である (McMullen, 2008)。

　たとえば**図4-11**は、京都大学附属図書館に、2014年4月に完成したばかりのラーニングコモンズである。大学のシンボルである楠をモチーフに、組み替え自由な机と前傾姿勢の椅子を配置して、人の出会い、創発の場としての学習空間を創り出している。ホワイトボードやプロジェクター、スクリーン、電子黒板、無線LANなどが備え付けてあり、さまざまな専門分野の大学院生・留学生が、全員日本語・英語対応で学生の学習をサポートしている。若手研究者による講演会や読書会も開催されている。

　図4-12は、三重大学のラーニングコモンズである。写真上左は附属図書館のコモンズエリアで、自習や談話、グループ学習が、さまざまな形でできるように設計されている。写真上右は同エリア内にあるPCコーナーで、学生が偶然にみつけた友人の作業をながめながら歓談している。附属図書館に

図4-11　京都大学附属図書館のラーニングコモンズ
(注) 京都大学附属図書館より写真提供

図4-12 三重大学のラーニングコモンズ
(注) 三重大学および三重大学大学院工学研究科建築学専攻ファシリティマネジメント研究室より写真提供

隣接された環境・情報科学館にも、ラーニングコモンズがある。ここでは、写真下右のように、ロールスクリーンを降ろして、個室のようにして、電子黒板も使用しながらグループ学習をおこなうこともできる。写真下左のコンピュータの奥には、スタッフがいる相談窓口もある。

マクマラン(McMullen, 2008)は、ラーニングコモンズのモデルとなる主な機能を、下記の9点にまとめている。これらのうち、④⑤⑦⑧については、従来は図書館外にあった機能だと見なされている(長澤, 2013)。

①コンピュータ・ワークステーション・クラスター
②サービスデスク
③協調学習の空間
④プレゼンテーション・サポートセンター
⑤FD(Faculty Development)のためのインストラクショナル・テクノロ

ジー・センター
⑥電子環境を整備した教室
⑦ライティングセンターなどアカデミックサポートの部署
⑧ミーティング・セミナー・レセプション・プログラム・文化行事のための空間
⑨カフェやラウンジエリア

なお、マクマランが調査の結果、ベスト・プラクティスとして選定した18大学のラーニングコモンズの詳細は、ウェブサイト（参照先：The Learning Commons Model: Determining Best Practices for Design, Implementation, and Service 参照日：2014年4月30日 http://faculty.rwu.edu/smcmullen/site_visits.htm）に個別に紹介されている。

ソマヴィルとハーラン（Somerville & Harlan, 2008）が述べるように、ラーニングコモンズは、教授パラダイムから学習パラダイムへと転換（第2章第1節(2)を参照）する大学教育での新しい学習とつながって、また、図書館機能におけるコモンズ概念を転換させて（ほかSchmidt & Kaufman, 2007；米澤, 2006を参照）、創られ始めた新しい学習環境である。それは、一方で、図書館内の機能拡張として理解されるものだが、他方で、図書館外の学習空間へと超えて、連携して、総合的に機能させるべきものでもある。いくつかの大学・学部では、図書館以外の場所にも、学生がグループ学習やプロジェクト学習をおこなえる部屋やスペースを提供してきた。それらのなかには、ラーニングコモンズと呼ばれていないものもあるが、それらも含めて、大学のラーニングコモンズを機能させ、学生の学習を育てていかなければならない。要は、ハコを創るだけではダメだということである。このためには、ラーニングコモンズと呼ばれるハード空間をソフト面で支援すること——たとえば、支援スタッフとサービス機能の充実（沖, 2013）——、そして、学習行動を誘発するカリキュラムや学習・教授法を開発していくこと（井下, 2013）が課題となる。学習パラダイムを基礎としている以上、ラーニングコモンズの機能的充実は、言うまでもなく、学生のアクティブラーニングの質を高める。ひい

てはアクティブラーニング授業の質も高める。今後の発展が期待される。

第6節　反転授業をおこなう

　アクティブラーニング型授業の質を高める工夫として、最後に紹介したいのは、反転授業である。日本では、この2年ほどのなかで急速に普及したものであり、ここまで含めて、紹介しておきたい。

　「反転授業(flipped classroom ／ inverted classroom)」とは、従来教室の中(授業学習)でおこなわれていたことを外(授業外学習)にして、外でおこなわれていたことを中でおこなうという形で入れ替える教授学習の様式だと定義される(Lage, Platt & Treglia, 2000)。授業では、授業外学習で学んだことをもとに、知識の確認や定着、活用、さらには協同学習など、アクティブラーニングをおこなうのである。

　このような学習が可能になってきたのは、学校や家庭でコンピュータやインターネットが一般的に普及するようになったこと、YouTubeに典型的に見られるデジタルビデオ教材のインターネット上での共有化、高等教育で言えば、OCW (OpenCourseWare) や、最近ではMOOC (Massive Open Online Course) を用いたCourseraやedXなどの大規模な公開オンライン講座が提供されるようになったことにある(重田, 2014)。オンライン教材は、予習教材として、従来教室内でおこなわれてきた講義を代替するものとして使用される。

　重田(2014)では、北海道大学での授業科目「情報学I」の一部に反転授業を導入した事例が紹介されている。また、FLITプロジェクト「大学の授業における反転学習の効果検証」(東京大学大学院情報学環　反転学習社会連携講座)(http://flit.iii.u-tokyo.ac.jp/)の一環で、2013年度におこなわれた島根大学・山梨大学での反転授業の実践例もある。島根大学では、「基礎化学IIA」「ヒューマン・コンピュータ・インタラクション」(総合理工学部専門教育科目)、「基礎水理学」「生物統計学」(生物資源科学部の専門教育科目)、「大学で学ぶ世界史B」「大学で学ぶ教養古典」(共通教養科目)といった科目群が反転授業に挑

んだ。山梨大学では、「情報通信Ⅰ」「情報通信Ⅱ」（工学部専門科目）が反転授業に挑んだ。

図4-13は、島根大学でおこなわれた授業科目「基礎水理学」の授業風景である。授業外学習は、教員がPPTスライドをもとに講義した動画のオンライン教材を視聴すること、それをノートにまとめること（**図**4-14を参照）、演習問題（**表**4-4を参照）を解くこととされた。授業では、その授業外学習をもとに、学生同士で理解を確かめたり、質問をし合ったりする協同学習がおこなわれた。ときには、教員に質問をしたりもした（図4-13を参照）。

残念ながら、反転授業の効果検証はまだまだこれからである。どのような効果指標で検討していけばいいのか、ある指標で学生の評価が高い場合でも、それが反転授業の効果なのか、担当した教員のパフォーマンスの効果なのか、他の関連する要因を取り除いた効果検証が必要である。島根大学でも山梨大学でも、反転授業を導入した年の成績の平均は、前年度のそれに比べて上がったとの報告がなされているが、他方で、参加意欲や満足度は、思っていたより低かったという結果も出ている。学生が、まだまだ反転授業に慣れていないこともあるので、そうした点も今後の反転授業の効果を見ていく際には、重要な観点となろう。取り組みを継続して、反転授業ならではの学習成果が示されることを期待したい。

さて、筆者は、反転授業をアクティブラーニング型授業の一つとして理解したいと考えている。というのも、反転授業は、従来の講義パートを授業外学習にし、授業では、アクティブラーニングを思う存分デザインすることができるからである。図2-1 (p.43) で示した構図A・構図Bをふまえると、反転授業は、もはや受動的学習を乗り越える程度の、構図Aのアクティブラーニングではなく、積極的に、「能動的（アクティブ）」学習のポイントを特定する構図Bのアクティブラーニングを実現することができる。しかも、講義を含めた一般的な構図Bの授業より、アクティブラーニングにはるかに長い時間を充てることができるので、その意味では、「能動的（アクティブ）」のポイントをしっかり目的化・デザイン化し、授業外学習をしっかりさせる反転授業であれば、それは、一般的な構図Bのアクティブラーニングよりも、徹底

(左) グループをまわりながら質問に答える教員 (右) 学生同士で理解を確認し合う協同学習

図4-13 「基礎水理学」の反転授業の授業風景

図4-14 「基礎水理学」の受講学生のノート作成の例

表4-4　「基礎水理学」で課される演習問題の例

演習問題1 月面上の重力加速度gMは地球上の重力加速度gの0.170倍である．比重1.03の海水10.0m^{3}の質量はいくらか．また月面上での重量はいくらか．SI単位で答えよ．
演習問題2 体積1.50 [m^3]で質量2.00×103 [kg]の流体の密度および単位重量をSI単位と工学単位で求めよ．なお重力加速度は9.8[m/s^2]とする．
演習問題3 重さが1.400 [kN]，体積が0.1600[m^3]の油の質量，密度と単位重量をSI単位と工学単位で求めよ．なお重力加速度は9.8 [m/s^2]とする． A: M= 142.9 [kg]= 14.58 [kgf·s^2/m] A: γ = 8752 [N/m^3]=893.1 [kgf/m^3] A: ρ = 893.1 [kg/m^3]=91.13 [kgf·s^2/m^4]

したアクティブラーニング（型授業）となる。PBL (Problem Based Learning) に勝るとも劣らないアクティブラーニング（型授業）となる。

　もちろん、質の高い反転授業を実現するには、課題も多い。第一に、反転授業がもっと普及するために、質・量ともに充実したオンライン教材が提供されなければならないことである（重田, 2014）。コースや授業内容に適したオンライン教材を見つけることは、たやすいことではないし、だからといって、個人で作成を期待するのは現実的ではない。第二に、質の高い教材でも、学生は長時間教材を視聴することを面倒だと感じる傾向があり（Amresh, Carberry, & Femiani, 2013）、教材視聴に関わる時間的制約を克服することである。第三に、授業外学習にしっかりと時間をかけ、学習させることである。授業外学習の質が、授業での学習の質を左右することは当然であり（Berrett, 2012; Herreid & Schiller, 2013）、学生のモチベーション・ディバイドの問題を克服することが求められる。最後に、教員は、学生の授業外学習の状況を、授業前にしっかりとアセスメントして授業にのぞまないと、授業内での学習が有効に働かないと考えられることである（Talbert, 2012）。このような問題の克服を考えていくと、充実した反転授業を一般的に実施していくことは、現在の教授学習の状況から考えて、まだまだハードルが高いものと見える。今後の発展を期待したい。

第5章 揺れる教授学習観——**筆者のリプライ**

　大学教員は、皆それぞれの教授学習観を持っており、アクティブラーニングが重要です、といくら唱えても、それですぐに採り入れて授業をやってくれるわけではない。アクティブラーニングに限らないが、新しい取り組みに対しては根強い抵抗がある。伝統的な大学・学部、その教員であれば、なおさらそうかもしれない。しかし、中教審の質的転換答申でアクティブラーニングの推進が明示された今、少なくとも、アクティブラーニングに関する講演会やシンポジウム等は、爆発的になされるようになっている。筆者も、そのような場のいくつかに招かれ、講演をしたり、議論に参加したりしてきた。いろいろな大学や学部の大学教員、大学教育関係者の考え方に、数多く触れてきた。このような経験を通して思うのは、いま多くの大学教員、大学教育関係者の教授学習観が大きく揺れているということである。

　本章では、講演やシンポジウム等の場で聴いてきたアクティブラーニングに関するさまざまな考え、受けてきた質問やコメントをもとに、筆者のアクティブラーニングに関する教授学習観を自由に述べたい。誰もが納得する正解などはないだろう。しかし、筆者の考えを示し、今後それをもとに対話を重ねて、考えを確認したり修正したりして、アクティブラーニングの理論や実践を少しでも発展させたいと願う。

(1) アクティブラーニングは座学ができない学生のためのものだ

　大学教員からいただいたコメントのなかで、印象に残っているものの一つは、「アクティブラーニングは、座学ができない、いわゆる低偏差値の大学

の学生に有効な学習法だ」という見方である。これはとんでもない見方だと私は思うのだが、このコメントは、一人、二人からいただいたものではなく、多くの教員からいただいたものでもある。こういうふうに述べる教員もいる。「どうせ彼らは講義しても理解できないのだから、ディスカッションやプレゼンテーションをさせておけば、なんかやった気になって、授業に満足してくれる」、あるいは「私語でうるさい学生たちを黙らせるのが、アクティブラーニングだ」。言っていることがわからないわけではないが、その理解ではちょっと残念だ、と思うのも正直なところだ。

　この問題に対する筆者の見方は、すでに第2章第1節(3)で述べた。つまり、競争的な大学であっても、学習パラダイムへの転換、アクティブラーニングの推進は必要だというものである。なぜなら、たとえ座学ができていても、たとえ講義のなかでのすばらしい「聴く」学習がなされていたとしても、それだけで学生が、今日アクティブラーニングを通して求める学習成果を得るわけではないからである。書く・話す・発表するに代表される活動や、それに伴う認知プロセスの外化は、座学や「聴く」学習とは別次元のものであるし、アクティブラーニングを通して育てたい技能・態度(能力)、厳密に言えば、情報・知識リテラシー(第2章第2節(5)を参照)は、座学や「聴く」学習だけでは育てられない。

　いわゆる低偏差値の大学生にとっても、座学は重要である。仕事をするようになって、人の話を集団で聴き理解しなければならない機会は、山ほどある。学校では、「彼らは座学ができないからアクティブラーニングでもさせておけ」と言うことができても、同じようなことを職場では言ってもらえないだろう。学校から仕事、ひいては社会へのトランジションの観点から言えば、これは教育者の責任放棄だとも言える。いかなる大学の学生に対しても、座学は必要だと、筆者は考えたい。もちろん、彼らの理解のしかたや程度に、少なからず支援が必要な場合はあるに違いない。そのような場合には、第3章第2節(4)で紹介したLTD話し合い学習法のステップと併せて、座学での理解を補完することも可能である。いろいろやり方はあってよい。

　座学＝知識の習得ではないが、やはり、知識を短時間で、集団で効率的に

習得する学習の最たる場は、講義での座学である。書く・話す・発表するといった活動を通して、知識を習得することももちろんあっていいが、講義をまったく無くして、それらの活動だけで知識を習得する、というのは、どのように考えても無理がある。

ディスカッションやプレゼンテーションは、たとえ学習内容を蔑ろにしても、やらないよりはやったほうが、力がつくのは当然のことである。しかし、技能・態度(能力)は、学習内容の理解の質に徹底的にこだわってこそ、育てられるということも理解してほしい。この法則は、大学のレヴェルに関係なく、有効なものである。第4章第1節(1)で述べたように、内容的に薄っぺらい、ちょっとインターネットで調べてまとめて、議論したり発表したりするようなアクティブラーニングを何度か見てきて、筆者はとても表面的だと感じたし、残念な思いがした。なにも京大生と同じレヴェルの知識を教えて、理解させて、とそんなことを言っているのではないので、自分が教える学生の既有知識や理解のレヴェルを考慮して、また、ある専門分野でここまではいかなる大学の学生であっても教えなければならないという条件をにらんで、彼らに教えるべき内容を精選し、教え、学習内容とディスカッションやプレゼンテーションとが連動する学習となることを期待したい。

(2) 知識の定着率を上げるのがアクティブラーニングだ——ラーニングピラミッドの功罪

教育改善の舵取りをしている大学・学部の教員、あるいは関係者は、何とかアクティブラーニングの重要性を、現場の教員に理解させようと必死である。いろいろ説明のしかたはあるが、その一つに、**図5-1**のラーニングピラミッドを見せて、アクティブラーニングを用いると知識の定着率が上がる、ひいてはアクティブラーニングの効果がある、という説明のしかたがある。要は、講義だけで知識が記憶に残るのはせいぜい5%程度。読解を入れると10%、視聴覚教材を採り入れると20%、グループディスカッションをすると50%、他者に教えると90%も記憶に残ることを示す図である。一人よりはグループでの学習で、グループのなかでも、より認知的負荷の高い活動を

```
        講義       5%
       読解       10%
     視聴覚教材    20%
   デモンストレーション  30%
  グループディスカッション 50%
   活動や体験をする   75%
    他者に教える    90%
```

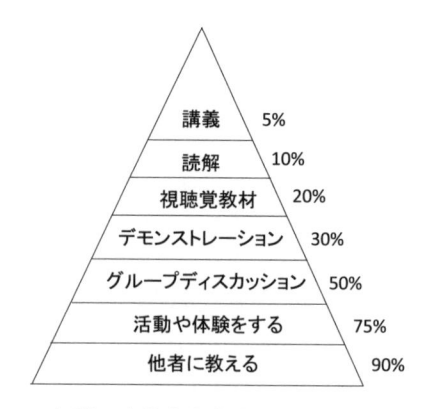

図5-1　知識の定着率を表すラーニングピラミッド

通して、記憶の定着率が高まることを主張している。

　説明語句や効果のパーセントは、若干異なるバージョンが複数あるようだが、ポイントは同じで、インターネット上で検索すると、数多くヒットする。普及率も高い。いろいろな方の説明のなかで頻繁に目にしてきた図であり、読者のなかにも、ああラーニングピラミッドね、と思う者が少なからずいることだろう。

　さて、この図から考えさせられたのは、ほんとうに知識の定着率の向上が、アクティブラーニングの重要性を説くことになるのか、ということである。たとえば、アクティブラーニングで育てようとする技能・態度(能力)を説く場合、筆者は基本的に、知識に関する社会の変化、すなわち、「検索型の知識基盤社会」の到来を受けてのことと説明してきた(第2章第2節(3)を参照)。端的に言えば、社会における知識の機能がまるっきり変わってしまった現状を受けて、大学教育における教授学習を、変化した社会や仕事の状況に合わせてチューニングする一つとして、アクティブラーニングの重要性を説いてきたのである。この文脈で特定される技能・態度(能力)として、筆者は、情報・知識リテラシー (第2章第2節(5)を参照) を提唱した。それは、①情報の知識化、②知識の活用、③知識の共有化・社会化、④知識の組織化・マネジメントからなるものであり、従来の知識の習得を主とする教授学習では育てられないものであった。筆者にとっては、ここにアクティブラーニングの、

きわめて大きな現代的意義がある。

　ところが、ラーニングピラミッドを通して知識の定着率の向上を説く者は、アクティブラーニングを導入した方が、講義中心でおこなってきた従来の学習よりも、効果が高いと主張する。私は、従来の学習を脱却するために、アクティブラーニングがあると考えており、彼らは、従来の学習をさらによくするためにアクティブラーニングがあると考えている。やることは同じかもしれないが、それでは、教授学習プロセスの細かな場面、場面で、デザインや指導のポイントを外すことになるだろう。やはり、なぜアクティブラーニングかという見方、まさに、アクティブラーニング観なるものをしっかりと理解しておく必要がある。私は会場で、言うべきか言わないべきか、いろいろ迷いながらも、結局は、「その理解は間違えています」と何度かはコメントをし、盛り上がった場を白けさせてしまったことがある。

　ところが、その後、講義では学習に動機づけられなかった学生が、アクティブラーニングだと動機づけられ、学習意欲が高まる、結果、学習成果が上がるという事例を多く耳にするようになった。これは考えさせられた。なるほど、アクティブラーニングももともとは構図A（図2-1、p.43を参照）から出発して提示されたものだったから、そう考えれば、従来の学習がアクティブラーニングによってより改善されるという説明は、間違えていないとも言える。もう少し説明すれば、アクティブラーニング、ひいてはそれを取り巻く学習パラダイム（第2章第1節(2)を参照）は、そもそも高等教育の大衆化・学生の多様化への対応として提示されてきたもので（第2章第2節(1)を参照）、従来の学生たちに講義で教えていたようには教えられなくなった状況を何とか改善しようとして、提示されたものだったのである。これは、筆者が理解し直した部分である。

　もっとも、講義では学習に動機づけられなかった学生が、アクティブラーニングだと動機づけられ、学習意欲が高まるという構造は、下手をすると、座学軽視の前項(1)の問題にすぐ接続してしまう。座学軽視は問題があると、改めて述べておきたいところである。また、構図Aとしてこの問題を理解し直したにしても、アクティブラーニングの一般的状況は、すでに構図B（図

2-1、p.43を参照）に移行しており、アクティブラーニングは今日、検索型の知識基盤社会を力強く生きるために求められていると理解しなければならないことも、付け加えておく。

　ちなみに、ラーニングピラミッドは、あくまで実践を推進するための模式図だと理解しなければならない。出典が、NTL Institute (National Training Laboratories Institute) として引用され、もっともらしく見えるが、これがデータに裏づけられていない問題の多い図であることは、山本 (2011) に詳しく述べられている。図の数値を支持するオリジナルの研究論文を、どこを探しても見つからないのである。出典先であるNTL Instituteのウェブサイトに行っても、現在この図は掲載されていない。山本によれば、このピラミッドは、デール (Dale, 1954) の『学習指導における視聴覚的方法』の本にある「経験の円錐 (the cone of experience)」（図5-2を参照）から発展して、後に根拠のない数値付きのラーニングピラミッドとなったのではないかと論じられている（ラーニングピラミッドに対する批判は、松下［2012］も参照）。

　山本 (2011) の論を待たずとも、これが模式図であろうことは、少し眺めてみればわかる。実験や調査をして得た数値だと言うのならば、数値があまりに整いすぎているからである。講義と一言で言うが、どのような学生規模の講義か、どのようなコース内容や難易度のもの（入門レヴェルの概論かアドバンストのものか）か、パフォーマンスの高い教員が授業をしたのか、パフォーマンスの低い教員が授業をしたのか、など何も条件が示されていない。条件の違いによって、講義の知識の定着率の効果はかなり異なるはずだが、そのようなことも示されない。少なくとも、図の中で、他の学習方法と比べて、5％と明示できるような類のものでないことは、少し考えれば、容易にわかるはずである。

　もっとも、講義で与えられる知識の定着率や学習成果が悪いという議論は、これまで多数なされてきた（たとえば、Costin, 1972; ロンドン大学教育研究所大学教授法研究部, 1982; Vandiver & Walsh, 2010）。マクレイシュ (McLeish, 1968) の、条件をさまざまにコントロールした実験研究からは、学生が講義を聴いた直後に記憶している情報は40％程度で、しかも授業のどの時間帯に伝え

第 5 章　揺れる教授学習観　151

言語的
象徴

視覚的象徴

録音盤ラジオ
・写真

動画

テレビ

展示

実地見学

デモンストレーション

演劇的経験

構成的経験

直接的・目的的経験

図5-2　デールの経験の円錐

(注) Dale (1954), p.43 の図を、デール『学習指導における視聴覚的方法』(有光成徳訳、政経タイムズ社出版部、1950年) の第1図 (p.57) を参考にして翻訳・作成
　初版の Dale (1949) でも「経験の円錐」と名づけられているが、初版の図 (p.39) では円錐ではなくて、単純な平面三角形となっている。ここでは、第2版の1954年版の図を示している。なお、各段階の経験要素は同じである。

られたかによってその割合は異なり、かつ、一週間後には半分以下しか記憶していないという結果が示された。チャーニー (Cherney, 2008) の研究では、心理学関係のさまざまなレヴェルの異なる授業を対象に、学生の記憶 (自由再生) と理解力とを実証的に検討して、どの授業においても、アクティブラーニングを伴った事柄の再生率がもっとも高く、次いでビデオクリップを見せ

た事柄の再生率が高いという結果が示された。講義で伝えられた事柄の再生率は最低の成績であった。このように、知識の定着率の観点から見たとき、講義の効果がアクティブラーニングの効果よりも低いことは、一般的に認めてよいこととも言える。ラーニングピラミッドの示すものが、多くの関係者の経験的理解に合致したことは、十分に理解される。

　それでも、やはり述べておきたいのは、講義には長所短所があり、それをふまえないで、十把一絡げに講義を悪玉に帰すのは間違いだということである。ロビンソン(Robinson, 2000)は、教員の講義パフォーマンスが高い場合には、学生はぐっと惹きつけられ、興味や関心を喚起させられると述べる。短い時間で、多くの情報量を伝えることもできる。教科書から離れた知識や話題、教科書にはない最新の知識や学術の動向などを伝えることもできる。コスティン(Costin, 1972)は、一般的には講義の学生へのインパクトは他の授業方法に比べて弱いが、能力の高い学生に対しては例外であり、講義のほうがより高い成績を示す可能性もあると述べている。

　加えて、先のチャーニー(Cherney, 2008)の実証的検討では、たしかに記憶再生(知識の定着率)の観点からは、アクティブラーニングが最高の成績を示したが、理解力の観点からは、一概にこの関係は示せなかった。むしろ統計学の授業では、講義で扱われた内容の記憶再生がアクティブラーニングで扱われた記憶再生よりも高く、講義のインパクトが大きいとさえ見える結果が示された。記憶再生(知識の定着率)と理解力とは、必ずしも同じものとは限らないと、チャーニーは考察している。もっとも、統計学の講義で扱われた内容は、アクティブラーニングの時間、あるいは授業外学習で何度も反復して、問題演習や計算作業が課せられた結果のものとも考えられ、その相乗効果が否定できないとも述べられている。当然と言えば、当然のことである。

　アクティブラーニングを推進する場合でも、講義をまったく無に帰することはできやしない。筆者の理解するアクティブラーニング型授業には、講義パートも含まれている(第1章第2節(3)を参照)。講義かアクティブラーニングか、といった二項対立的な理解ではなくて、コースのレヴェルや目的に応じて、講義パートとアクティブラーニングとをうまく配分したアクティブ

ラーニング型授業を目指すことが、基本であると考えられる。

その上で、ラーニングピラミッドを模式図として理解し、アクティブラーニング型授業によって、これまでの講義中心の授業を脱却していこうとすることは、十分あっていいと思う。たとえ学術的に問題のある図であるとしても、この図でアクティブラーニングの実践が前に進むのであれば、大いに価値はある。筆者はいま、この図を、そのように学術的な視点と実践的な視点とに分けて理解している。

(3) アクティブラーニングに正解はない

間違えてはいないのだが、下手をすると、アクティブラーニングを通しての成果は何でもいいと解釈されてしまう可能性がある。正しくは、「答えは一つではない」と言うべきではないか。

専門基礎科目の授業は別として、社会問題を検討する授業、医療系をはじめとするPBL (Problem-Based Learning)、プロジェクト科目などの、問題解決をおこなう授業では、何を手がかりに、どのように問題にアプローチするかで、解が一つに定まらないことはよくある。それが社会ということだろうし、それが現場というものかもしれない。だから、「アクティブラーニングに正解はない」と言って、学生たちに精一杯、しかし自由に取り組ませようとする。これ自体は間違えていない。可能ならば、「答えは一つではない」と言って欲しいが。

しかし、もう少し言えば、「答えは一つではない」と言う文句にも、補足が必要である。というのも、たしかには答えは一つではないかもしれないが、だからといって、いくつもあるわけではないだろう、と思われるからである。この違いを決めるのは、問題解決プロセスにおいて、必要とされる知識や情報をどの程度使っているか、使われている知識や情報が正しく理解されているか、論理的・批判的に問題解決が進められているかにある。医療系をはじめとする理科系のPBLは、まさに問題解決プロセスで使用される知識と論理的・批判的思考が重要となり、結果として問題解決プロセス自体が学習となる。他方で、とくに教養系や文科系の授業では、このプロセスのチェック

の甘い授業が多くて、下手をすると、答えは何でもいいかのようなものとなることがある。知識や論理的・批判的思考といった観点でプロセスをチェックしていくと、答えはそういくつにもなるわけがないと思うのだが、いかがだろうか。

　もちろん、教員が知識や思考をチェックしすぎて、学生たちの、ある種自由な雰囲気で問題解決していく態度が抑制されてしまうのは問題である。他方で、ちょっと調べてすぐ結論という、浅い問題解決も残念である。この間をうまく目指したい。質の高い問題解決や成果を期待するならば、問題解決プロセスで使用される知識や論理的・批判的思考にこだわる、チェックする。理科系のPBLのように、必要な知識や情報に誘う方法論の指導や助言も必要であろう。すべてを学生任せでは、良い問題解決の学習にはならない。できるだけ正解やヒントを与えず、学生は、間違っていてもいいので、格好悪くてもいいので、できるだけ自分の頭で考えて言葉にして外に出させる、そんなふうに学生に任せる部分と、上述してきたような指導や助言を入れる部分とをしっかり分ける、介入のタイミングを見分けることが重要だと考える。

(4) プロジェクト学習だけやっておけば十分。それで社会で通用する

　大学が内側の論理で教育を改善していく時代は、すでに終わっている。いま、外側の社会から課せられる課題にできる限り応えて、大学教育と社会とのズレをチューニングして、大学教育の役割や機能を再構築しなければならなくなっている(第2章第2節(1)を参照)。

　もちろん、社会から課せられる課題に応えて、大学教育と社会とのズレをチューニングするからといって、大学教育がこれまで築いてきた良いところまで失ってはいけないし、なかには社会の論理とは反してでも、学校教育自体が持つ役割や機能を維持する、注意深い作業も必要である。なんでもかんでも、社会が変わったから、学校もそれに合わせて変わるべきだと考えること、主張することは間違えている。

　実際、社会の論理と言う場合の「社会」の指すものは、実に複雑である。多くの者は、企業社会を指して「社会が変わった」と言うが、卒業生を社会

に送り出す大学から見れば、職場はなにも企業だけに限定されるものではない。官公庁もあるし、各種専門職（医療・[大学]教員・法曹界・会計士など）としての職場、数は少ないが自営業やNGO・NPOもある。専門職養成を謳った大学や学部は別としても、多くの大学や学部では、学生の大学卒業後の多様な進路を一定程度考慮して、大学教育を改革していかなければならない。ここは、まじめに考えると、かなり難しい側面である。

　また、「社会」の指すものは、仕事だけではなく、仕事以外の社会生活もある。学校教育の目的は、専門職養成の大学であろうとなかろうと、職業人養成だけにあるわけではない。成人した市民として送り出すための教育も、目的には含まれているのである（溝上, 2012, 2014a）。中央教育審議会『今後の学校におけるキャリア教育・職業教育の在り方について』（2011年1月31日）では、「学校から社会・職業への移行」というように、「職業」とは別に「社会」を併記している。しかも、「社会」を前に出して、「職業」を後ろに置いている。中央教育審議会『学士課程教育の構築に向けて（答申）』（2008年12月24日）、いわゆる学士課程答申では、次のように述べて、大学教育の変革が職業人養成に偏らないよう、釘を刺している。

　　「……国においては、基礎力の養成を求める産業界の意向を踏まえた政策的な対応も始まっている（例えば、厚生労働省の「若年者就職基礎能力」（平成一八年）、経済産業省の「社会人基礎力」（平成一八年））。しかしながら、学士課程教育の目的は、職業人養成にとどまるものではない。自由で民主的な社会を支え、その改善に積極的に関与する市民や、生涯学び続ける学習者を育むこと、知の世界をリードする研究者への途を開くことなど、多様な役割・機能を担っている。各大学は、このことを踏まえて、自主性・自律性を備えた教育機関として、学士課程を通じて学生が習得すべき学習成果の在り方について、さらに吟味することが求められる。」（『学士課程答申』p.10）

　以上のような知識を持てば、「プロジェクト学習だけやっておけば十分。

それで社会で通用する！」と言う大学教員の文句が、いかに偏った見方にもとづくものかは容易に理解されよう。大学教育のなかにあるさまざまな専門分野、卒業後の学生の多様な進路、仕事以外の市民としての社会生活、そうした大学教育が抱える目的や多様さを無視した、乱暴な見方である。

　このように主張する者の多くは、企業で活躍して大学教員として転身した者である。筆者は、伝統的なアカデミックパスで大学教員になる者だけでなく、企業や官公庁等で活躍した方々が大学教員になることを、むしろ良いことだと思っている。大学が、社会とチューニングして変わっていくために、内側だけで何とか変えていこうとするのは限界がある。アカデミックパスで大学教員になった者が、頑張って社会を学ぶと言っても、限界がある。いろいろ考えて、外からの風はどうしても必要だとなる。だから、ここは問題ない。しかし、自分の経験してきた、たかだか一社か数社の企業での経験、しかも業種も限られたものであろう、そういう経験に頼りすぎて、大学教育の、あるいはアクティブラーニングの一般論を語るのは、やめてほしい。これは、企業経験者がキャリア教育に携わる場合にも言えることだが、ここでは、正課教育の授業・コースに限定して論じている。前項(3)と重ねれば、プロジェクト学習の問題解決プロセスで、どのような知識が媒介しているか、どのような思考で問題解決が進められているかをチェックしているかも怪しいものだ。知識や論理的・批判的思考にこだわれば、プロジェクト学習だけで十分などと言えるはずがない。学習の形態論——それがアクティブラーニングなのであるが——だけで十分などと言えるはずがない。

　プロジェクト学習は重要である。筆者は、ここは否定しない。しかし、それで大学教育やアクティブラーニング一般論を語ることはやめてほしい。

(5) 3・4年生の専門ゼミ・卒業研究でアクティブラーニング型授業はしっかりやっているので、1・2年生でアクティブラーニング型授業は要らない

　これはよく受けるコメントである。日本では、周知のとおり、学士課程の後半3・4年生で、専門科目が一気に展開し、文科系では専門の演習科目・専門ゼミ、理科系ではそれに実験・実習を加えて、仕上げの卒業研究に向か

う。大手の私立大学や学生数の多い学部は別としても、一般的には、専門ゼミは少人数でおこなわれる。卒業研究（卒業論文）は、指導教員や研究室を選び、一年、二年と対面で指導を受けて仕上げられる。

　その最後の仕上げをする専門の学部所属の教員が、専門の講義科目で学生を教え、演習科目やゼミで議論や発表をさせ、さらに卒業研究で学生に個人指導をおこなうのであるから、自分たちが徹底的に学生たちを仕上げている、その過程でアクティブラーニングも嫌というほどさせていると感じるのは、当然のことかもしれない。日本の大学教育の大部分は、このような専門の学部所属の教員によって担われている。知り合いの教員のなかには、研究室のゼミ生を連れてゼミ合宿なるものをし、そこで卒業研究の中間報告をさせる者もいる。問題は、このような教員が、「3・4年生の専門ゼミ・卒業研究でアクティブラーニング型授業はしっかりやっているので、1・2年生でアクティブラーニング型授業は要らない」とコメントするとき、何と答えるかである。

　まず、4年（あるいは6年）全体で、学士課程のカリキュラムやコース設計を考えなければならない、という学士課程教育の観点を横にどけよう。これを出せば、問答無用で、その通りということになってしまう。関心のある方は、中央教育審議会『我が国の高等教育の将来像（答申）』（2005年1月28日）、『学士課程教育の構築に向けて（答申）』（2008年12月24日）で提示された、「学士課程教育」「三つのポリシー（アドミッション・カリキュラム・ディプロマ）」の考え方について参照されたい（三つのポリシーについては第4章第4節(1)も参照）。

　その上で、筆者はやはり、アクティブラーニングを媒介する知識の観点から、「1・2年生でもアクティブラーニング型授業は必要だ」と回答したい。たとえば、ディスカッションをさせ、コミュニケーション能力を育てるという、異なる二つのアクティブラーニング型授業を考えてみよう。一つは、1年生対象の、さまざまな学部の学生が参加する、いわゆる教養系科目で、「いじめと学校」「原発には反対か賛成か」といったテーマでディスカッションをさせる場合である。もう一つは、心理学を専攻する学生が参加する専門科目で、「後期近代におけるアイデンティティ形成について」「形成と発達の

観点から見る青年期について」といった心理学で問題となっているテーマでディスカッションをさせる場合である。

　前者の教養系科目では、学生は、知識が十分になくても、比較的経験に依拠して、ディスカッションをおこなうことができる。多少の調べ学習を求められるにしても、ウェブサイトに出ている情報を収集する程度のもので、専門の文献までしっかり読んでディスカッションをすることまでは、一般的に求められない。このような状況の下、ディスカッションに必要とされる知識は、比較的制約が少なく、自由度が高いものである。結果、学生は、間違いなどあまり気にすることなく、比較的自由にディスカッションをおこなうことができる。しかし、教養系科目は、参加学生の所属学部が、一般的に文科系学部から理科系学部までさまざまなので、基礎となる知識や考え方にばらつきが大きくなり、結果、ディスカッションの内容はかなり多様となる可能性が高い。言い換えれば、参加者同士の異質性がひときわ高い状況だと言える。このような状況の下では、参加者同士で同じ知識や用語を用いていても、違った意味で用いている場合が少なくなく、知識や用語の定義、どのような文脈でそれを用いているのかといったところを確認しながら、ディスカッションをしなければならないこともある。

　後者の専門科目の場合、学生はまず、「アイデンティティ形成とは何か」「ポストモダンと後期近代はどのように区別されるものなのか」「形成と区別される発達とはどのようなものか」「青年期とはどのような意義を持つ発達段階か」といった知識を持っていなければ、ディスカッションができない。たとえ、一般的にディスカッションが得意な学生であっても、この手のディスカッションになると、知識がなければ、何も頭に思い浮かばないだろうし、他の学生が何か考えを述べても、それに返すことさえできないだろう。しかし、同じ専門に属する参加者同士は、教養系の科目に参加する学生集団に比べると、その同質性が高いという特徴がある。学んできた知識や関心も比較的共通しており、知識や用語が何を指すのかという説明や確認をいちいちせずとも、比較的共有する専門知識や用語を中心にディスカッションをすることができる。

非常に極端な、これら二つのアクティブラーニング型授業を対比させて、筆者が主張したいのは、第一に、デスカッションを通して育てるのは、一般的なコミュニケーション能力ではなく、情報・知識リテラシー（第2章第2節(5)を参照）としてのコミュニケーション能力だということである。情報・知識リテラシーとは、検索型の知識基盤社会において求められる、アクティブラーニングに直結する技能・態度（能力）のことであり、①情報の知識化、②知識の活用、③知識の共有化・社会化、④知識の組織化・マネジメントから成るものと説明した。情報・知識リテラシーは、いわゆる教養系科目であろうと専門科目であろうと、テーマがあってディスカッションに知識が媒介する以上、同じように必要とされる技能・態度（能力）である。しかし、教養系科目では、求められる知識の制約が少ないので、その分、学生にとって、①情報の知識化、②知識の活用、③知識の共有化・社会化、④知識の組織化・マネジメントといった知識の操作が比較的容易なものとなる。結果、情報・知識リテラシーをより良く育てられる状況となる。コミュニケーション能力も然りである。他方で、専門科目では、専門知識を習得しているか否かがまず問われる。そこで求められるコミュニケーション能力は、専門知識の習得を前提とした上での知識の操作であり、同じ情報・知識リテラシーを育てると言っても、教養系科目のそれと比べると、相当難易度が高いものとなる。

　主張したい第二の点は、教養科目でのディスカッションと専門科目でのディスカッションとでは、集団の同質性・異質性が異なるということである。つまり、教養系科目では集団の異質性が高いので、知識の制約が少ない反面、同じディスカッションのなかにさまざまな知識や用語が無秩序に入り乱れることになる。その結果、知識や用語の定義、どのような文脈でそれを用いているかを確認しながらディスカッションをしなければならず、しっかりやるなら、きわめて難易度が高いコミュニケーション能力が求められる。それに対して、専門科目でのディスカッションは、求められる知識の難易度が高い反面、それさえクリアーすれば、集団の同質性が高い分、比較的専門知識や用語を中心にディスカッションをおこなうことができる。極端な場合には、短い文章や単語で、考えを述べることさえできる。

筆者の考えでは、学生には、教養系科目のコミュニケーション能力と、専門科目でのコミュニケーション能力と、両方育てたい。両者は、同じコミュニケーション能力ではあっても、媒介する知識の制約によって、また集団の同質性・異質性によって、まったく別ものだからである。大学を卒業後、教養系科目のコミュニケーション能力をより求める職場、専門知識の習得を前提としたコミュニケーション能力をより求める職場など、学生の卒業後の進路が多様であることを考慮して、両方のコミュニケーション能力を育てたいという説明も可能であろう。市民として豊かな社会生活を送っていくために、さまざまな立場の人と議論するための教養系科目のコミュニケーション能力を育てなければならないという説明も可能だろう。いずれにしても、大学教育では、両方の種類のコミュニケーション能力を育てるべきだと考えるのが、筆者の考えである。

　そして、以上の説明は、ディスカッションだけでなく、グループでの協同作業、プレゼンテーションなど、あらゆるアクティブラーニングの活動に適用されるものである。総じて、1・2年生の科目でもアクティブラーニング型授業はなされるべきであり、3・4年生での専門科目でもなされるべきである。両者のバランスをうまく採って、より豊かな情報・知識リテラシーが育てられるべきであると考えられる。

(6) 技能・態度(能力)はクラブやアルバイトで鍛えればいい。アクティブラーニングで育てる必要はない

　アクティブラーニングで育てる技能・態度(能力)は、情報・知識リテラシー(第2章第2節(5)を参照)であって、それは知識が媒介する技能・態度(能力)のことである。クラブやアルバイトなどの活動のなかに、まったく知識が媒介しないと、そこまで言っているわけではないが、多かれ少なかれ知識を前提とする授業のなかで育てられる技能・態度(能力)とは、一線を画するものだろう。この区別がまず重要である。

　他方で、本章(4)で述べたように、卒業後多様な進路を取る学生たちに必要とされる、あらゆる知識・技能・態度(能力)を、授業をはじめとする正課

教育だけで育てられるなどということは、考えられない。授業のなかでのコミュニケーション能力に長けた者が、社会生活のなかでの一般的なコミュニケーション能力に必ず長けているとも言わない。だから、これらの点をもって筆者は、クラブ・サークルやアルバイトをはじめ、正課外活動で育てられる技能・態度(能力)は大いにあると理解しているつもりである。むしろ、正課活動と正課外活動とを、時間的にうまくマネジメントして両立させ、情報・知識リテラシーを伴う、あるいは一般的な技能・態度(能力)を、大いに育てて欲しいと願っている。あれもこれもと主張しているように聞こえるかもしれないが、たぶんこう言わないと、現実的ではない。いま社会が学生に求めている技能・態度(能力)は、かなり高度なものとなっているのだから。

最後に、今の大学教育の構築のしかたでは、学生たちが正課外活動に充てる時間、遊ぶゆとりがどんどんなくなっていると嘆く者に対して、考えを述べて、本章を閉じたい。

たしかに、それはそうだろうと思うが、これは、もっと総合的に検討しなければならない問題である。正課外活動や遊ぶゆとりだけを取り出して、議論していける問題ではない。

学習については、大学がしっかりデザインして、しっかり学習を課さねば、多くの学生は自分たちで学習したりしない。近年の大学生が、授業外学習・自主学習をほとんどしない状況は、すでに議論の前提としなければならない(第4章第2節を参照)。教養教育、専門教育、職業人養成、成熟した市民など、大学教育の目的はいろいろあるし、大学や学部によっても異なってくるが、どのようなものであっても、大学教育には学生をある姿に育てるという目的がある。私たちの仕事は、まず第一に、その目的に向かって大学はしっかりと学生を教育することができているのか、学生を目的の姿にどれだけ到達させられているか(学習成果)を検証し、その成果を見ながら、教育を改善していくことにある。ここが、大学人の私たちがまず考えなければならないことである。

その上で、学生たちの一週間の過ごし方や学習にかけている時間などのデータを取って、正課外のクラブ・サークルやアルバイトなどの活動が十分

になされていない、大学教育の目的に照らして、それは問題があると見なされるならば、正課教育のほうを調整しなければならない。正課外活動や遊ぶゆとり云々の問題は、この段階ではじめて議論されるものである。

　ただ、時代の問題をどれだけ考慮した議論になっているのかと思うこともよくあるので、その点についてもう少し補足する。つまり、翌日の授業や時間も気にせず、一晩中友だちの下宿で酒を飲むとか、議論するとか、そんなことは、昔に比べれば激減しているに違いない。それを今でも求めることがあるとすれば、それは社会で活躍した者が、「昔は野原でよく走り回って遊びました。これが豊かな創造力を育んだのだと思います」と言って、子どもを野原で遊ばせようとすることに似ているのかもしれない（溝上, 2004）。昔は、後々社会で活躍する者でなくても、みんな野原で走り回って遊んだものである。しかし、多くの者は、社会での活躍とは無縁の世界で生きている。少なくとも、そのような文句を公的に発言できるほどの活躍には至っていない。勝者の言ったもの勝ちみたいなところがある。「私はこうして東大・京大に入りました」といった本や成功談も、同じようなものである。書かれていること、話を聞いたことをそのまま実践して東大・京大に入れるなら、誰も苦労はしない。

　問題は、走り回りたくても、走り回る野原がなくなった現代の子ども・若者に、そして、昔にはなかった娯楽や活動（テレビやゲーム・雑誌・マンガ・インターネット・携帯・SNS・LINEなど）が山ほどあって、それにかなりの時間を費やしている子ども・若者に、いったいどのような経験をさせることが重要かと考えることである。生きてきた時代や生活・社会環境がまったく違うのだから、そして、求められる知識や技能・態度（能力）がかなり高度になっているのだから、私たちは、そうした諸々の現代状況を勘案して、一般的な教育論を考えなければならない。多様な生育環境、価値観、能力などをもった子ども・若者を対象とした、一般的な教育論において——この「一般的な」という限定は重要なので、強調しておく——、時代の異なる、しかも一個人の経験など、そんなに役に立つものではない。

　だから、筆者は勉強なんか高校・大学受験までで十分で、大学に入ってか

らはアルバイトや正課外活動に勤しみ、いろいろな人たちとの交流に時間を充てるべきだという、多くの社会人の昔の経験に依拠した考えには賛同しない。そうした活動も重要だが、これからの時代は勉強も重要だ、アクティブラーニングが重要だと主張したい。そして、タイム・マネジメントをしっかりやって、勉強だけでなく、いろいろな活動に欲張って参加して、一般的な技能・態度(能力)、個性を育てて欲しいと主張したい。

　もう少し述べたい。これまで多くの会社員は、私のこの考えを聴いて、あきれた顔をしてきた。勉強なんか関係ないよ、とはっきり言われたこともある。しかし、勉強(学習)の意味が、昔の知識の習得を中心としたものから大きく変わっていることを、彼らは知らない。社会や職場は大きく変化したはずだが、彼らの記憶のなかでの大学は昔のままだ。これでは議論にならない。

　大学から学生を社会に送り出す者とすれば、さまざまな雇用の事情から、就職活動さえ突破できない者が多くいて、昔のように、大学さえ出れば、社会での道が約束されていたような状況にはなっていないことも、深刻に受け止めなければならない。京大生でさえ、学部卒の3分の1は就職が決まらないし、内定を得た3分の2のなかでも、半分は第一志望の就職先に決まらない時代なのである(京都大学FD研究検討委員会・高等教育研究開発推進センター『京都大学自学自習等学生の学習生活実態調査報告書』2013年3月、http://www.fd.kyoto-u.ac.jp/resource/2013jigaku.pdf)。仕事以外の市民としての社会生活の問題もある。現代状況はかなり複雑であり、難しいものとなっている。

　もう少し大学教育が、学生の学びと成長の場へと転換しなければならない。そして、それが社会の多くの人たちにとって、ほんとうに大切なことだと理解してもらえるようにならなければならない。そうなれば、大学教育が社会とのズレをチューニングして、新しいかたちのトランジション機能を果たせるようになる。第4章第4節(1)で述べたように、アクティブラーニング論は、実はたかだか一授業のなかでの議論だったものだが、今こうして、この用語一つで、さまざまな現代課題を一手に引き受け、あるべき方向性を主張する論となっている。大変だが、おもしろくもある。今後、さまざまな立場の方と議論を重ね、アクティブラーニング論を発展させていきたい。

さらに学びたい人のために

◆アクティブラーニングに関する概説書
- フィンク, L. D. 土持ゲーリー法一 (監訳) (2011). 学習経験をつくる大学授業法　玉川大学出版部
☞第1章第2節(4)で紹介したFink(2003)の翻訳本。アクティブラーニングを含めた授業のデザインから評価まで、総合的に授業の作り方を紹介しており、実践的に有用な本である。

◆アクティブラーニング型授業の実践的ガイドブック
- 木野茂 (2005). 大学授業改善の手引き―双方向型授業への誘い―　ナカニシヤ出版
☞真の授業改革を達成するためには、制度的推進だけでなく、学生といっしょに良い授業を創りたいという、まさに教員自身の主体的な意欲が必要である。「双方向型授業」のパイオニアの理論と実践があまねく記された本。

- 小田隆治・杉原真晃 (編) (2010). 学生主体型授業の冒険―自ら学び、考える大学生を育む―　ナカニシヤ出版
- 小田隆治・杉原真晃 (編) (2012). 学生主体型授業の冒険2―予測困難な時代に挑む大学教育―　ナカニシヤ出版
☞2冊の本を通して、さまざまな分野の学生主体型授業の実践例が32も紹介されている。日本のアクティブラーニング型授業の実践でよく

紹介される先生方の多くが、この2冊の本のどちらかで執筆している。

- 安永悟 (2006). 実践・LTD話し合い学習法　ナカニシヤ出版
  ☞第3章第2節(4)で紹介したLTD話し合い学習法を紹介した本。表3-4 (p.83)の授業の各ステップについて、詳しく説明がなされている。

- 安永悟 (2012). 活動性を高める授業づくり―協同学習のすすめ―　医学書院
  ☞雑誌『看護教育』（医学書院）で12回にわたって連載された記事が、書籍化されたもの。協同学習がわかりやすく、実践的に紹介されている。

- バークレイ, E. F.・クロス, K. P.・メジャー, C. H. (2009). 協同学習の技法―大学教育の手引き―(安永悟監訳)　ナカニシヤ出版
  ☞多くの大学教員に読まれているA Handbook for College Facultyシリーズの1巻を翻訳したもの。200を超えると言われる協同学習の技法のなか、30の技法(表3-1、p.68-69)を、具体的な実践例をもとに紹介している。

◆新しい提案
- 渡部信一 (2013). 日本の「学び」と大学教育　ナカニシヤ出版
  ☞教え込み型の近代教育の限界を指摘し、代わりに、近代教育以前の、日本文化が千数百年にわたって作りあげてきた日本の古典的学びを再評価・ブレンドすることを提案した本。認知科学の立場から、新しい視点を提供している。

◆さまざまな大学のアクティブラーニングのカリキュラム化の事例
- 河合塾 (編) (2011). アクティブラーニングでなぜ学生が成長するのか―経済系・工学系の全国大学調査からみえてきたこと―　東信堂
- 河合塾 (編) (2013).「深い学び」につながるアクティブラーニング―全

国大学の学科調査報告とカリキュラム設計の課題—　東信堂
- 河合塾 (編) (2014).「学び」の質を保証するアクティブラーニング—3年間の全国大学調査から—　東信堂
　☞第4章第4節(1)で紹介した河合塾のアクティブラーニングのカリキュラム化に関する全国大学調査の結果と、すぐれた事例が紹介されている。また、調査成果をおこなったセミナーでの講演や事例報告の記録もある。

- 山地弘起・川越明日香 (2012). 国内大学におけるアクティブラーニングの組織的実践事例　長崎大学大学教育機能開発センター紀要, 3, 67-85.
　☞組織的なアクティブラーニングの展開、本書で言うところのアクティブラーニングのカリキュラム化を展開している10大学の先進事例を、ヒアリングをもとにまとめている。

引用文献

秋田喜代美 (2000). 子どもをはぐくむ授業づくり——知の創造へ—— 岩波書店
Albanese, M. A., & Mitchell, S. (1993). Problem-Based learning: A review of literature on its outcomes and implementation issues. *Academic Medicine,* 68 (1), 52-81.
天城勲（編）（1987）. 相互にみた日米教育の課題——日米教育協力研究報告—— 第一法規
天野郁夫 (1974). 高等教育大衆化の過程と構造——近代化と高等教育 (3)—— 名古屋大学教育学部紀要（教育学科), 21, 79-100.
Ambrose, S. A., Bridges, M. W., DiPietro, M., Lovett, M. C., & Norman, M. K. (2010). *How learning works: Seven research-based principles for smart teaching* (Foreword by Richard E. Mayer). San Francisco, CA: John Wiley & Sons.
Amresh, A., Carberry, A. R., & Femiani, J. (2013). Evaluating the effectiveness of flipped classrooms for teaching CS1. Frontiers in Education Conference, 2013 IEEE. 参照日: 2014年5月1日 http://ieeexplore.ieee.org/stamp/stamp.jsp?tp=&arnumber=6684923&isnumber=6684765
Andrade, H. G. (2000). Using rubrics to promote thinking and learning. *Educational Leadership,* 57(5), 13-18.
Astin, A. W. (1984). Student involvement: A developmental theory for higher education. *Journal of College Student Personnel,* 25, 297-308.
Ausubel, D. P. (1968). *Educational psychology: A cognitive view.* New York: Holt, Rinehart and Winston.
Ausubel, D. P., Novak, J. D., & Hanesian, H. (1978). *Educational psychology: A cognitive view (2nd ed.).* New York: Holt, Rinehart and Winston.
Baeten, M., Kyndt, E., Struyven, K., & Dochy, F. (2010). Using student-centred learning environments to stimulate deep approaches to learning: Factors encouraging or discouraging their effectiveness. *Educational Research Review,* 5, 243-260.
Bain, K. (2004). *What the best college teachers do.* Cambridge, Massachusetts: Harvard University Press.
Barkley, E. F., Cross, K. P., & Major, C. H. (2005). *Collaborative learning techniques: A*

handbook for college faculty. San Francisco, CA: Jossey-Bass.

Barr, R. B., & Tagg, J. (1995). From teaching to learning: A new paradigm for undergraduate education. *Change,* 27 (6), 12-25.

Barrows, H. S. (1985). *How to design a Problem-Based curriculum for the preclinical years.* New York: Springer.

Barrows, H. S. (1986). A taxonomy of Problem-Based learning methods. *Medical Education,* 20(6), 481-486.

Barrows, H. S., & Tanblyn, R. M. (1980). *Problem-Based Learning: An approach to medical education.* New York: Springer.

Barton, P. E. (1994). Odyssey of the transition from school to work 1960-1990. In A. Pautler, Jr. (Ed.), *High school to employment transition: Contemporary issues.* Ann Arbor, MI: Pracken. pp.3-12.

Bernstein, P., Tipping, J., Bercovitz, K., & Skinner, H. A. (1995). Shifting students and faculty to a PBL curriculum: Attitudes changed and lessons learned. *Academic Medicine,* 70 (3), 245-247.

Berrett, D. (2012). How 'flipping' the classroom can improve the traditional lecture. *The Chronicle of Higher Education: Teaching,* February 19, 2012. 参照日: 2014年5月1日 http://chronicle.com/article/How-Flipping-the-Classroom/130857/

Biggs, J. (2003). *Teaching for quality learning at university.* 2nd ed. The Society for Research into Higher Education & Open University Press.

Biggs, J., & Tang, C. (2011). *Teaching for quality learning at university.* 4th ed. Berkshire: The Society for Research into Higher Education & Open University Press.

Bonwell, C. C., & Eison, J. A. (1991). *Active learning: Creating excitement in the classroom.* ASHE-ERIC Higher Education Report No.1.

Bonwell, C. C., & Sutherland, T. E. (1996). The active learning continuum: Choosing activities to engage students in the classroom. In T. E., Sutherland, & C. C. Bonwell (Eds.), *Using active learning in college classes: A range of options for faculty.* San Francisco: Jossey-Bass. pp.3-16.

Bruffee, K. A. (1995). Sharing our toys: Cooperative learning versus collaborative learning. *Change,* 27(1), 12-18.

Camp, G. (1996). Problem-Based learning: A paradigm shift or a passing fad? *Medical Education Online,* 1, 1-6.

Chan, L. C. (2008). The role of a PBL tutor: A personal perspective. *The Kaohsiung Journal of Medical Sciences,* 24 (3), S34-S38.

Cheek, G. D., & Campbell, C. P. (1994). Improving the school-to-employment transition with lessons from abroad. In A. Pautler, Jr. (Ed.), *High school to employment transition: Contemporary issues.* Ann Arbor, MI: Pracken. pp.115-127.

Cherney, I. D. (2008). The effects of active learning on students' memories for course

content. *Active Learning in Higher Education,* 9 (2), 152-171.
Chickering, A. W. (1969). *Education and identity.* San Francisco: Jossey-Bass.
Chickering, A. W., & Gamson, Z. F. (1987). Seven principles for good practice in undergraduate education. *AAHE Bulletin,* 39 (7), 3-7.
Costin, F. (1972). Lecturing versus other methods of teaching: A review of research. *British Journal of Educational Technology,* 3(1), 4-31.
Dale, E. (1946). *Audio-visual methods in teaching.* New York: The Dryden Press.
Dale, E. (1954). *Audio-visual methods in teaching.* Revised edition. New York: The Dryden Press.
デューイ, J. 河村望 (訳) (2000). 学校と社会・経験と教育 (デューイ＝ミード著作集 7) 人間の科学社
Dewing, J. (2010). Moments of movement: Active learning and practice development. *Nurse Education in Practice,* 10, 22-26.
Dolence, M. G., & Norris, D. M. (1995). *Transforming higher education: A vision for learning in the 21st century.* Michigan: the Society for College and University Planning.
Duck, B. J., Groh, S. E., & Allen, D. E. (2001). Why Problem-Based learning?: A case study of institutional change in undergraduate education. In B. J. Duch, S. E. Groh, & D. E. Allen (Eds), *The power of Problem-Based learning: A practical "how to" for teaching undergraduate courses in any discipline.* Virginia: Stylus. pp.3-11.
エブル, K. E. 高橋靖直 (訳) (1987). 大学教育の目的 玉川大学出版部
エブル, K. E. 箕輪成男 (訳) (1988). 大学教授のためのティーチングガイド 玉川大学出版部
江原武一 (1994). 現代アメリカの大学――ポスト大衆化をめざして―― 玉川大学出版部
Entwistle, N. (2009). *Teaching for understanding at university: Deep approaches and distinctive ways of thinking.* New York: Palgrave MacMilllan.
Entwistle, N.,& McCune, V. (2004). The conceptual bases of study strategy inventories. *Educational Psychology Review,* 16 (4), 325-345.
Entwistle, N., McCune V., & Walker, P. (2010). Conceptions, styles, and approaches within higher education: Analytic abstractions and everyday experience. In R. J. Sternberg, & L. F. Zhang (Eds.), *Perspectives on thinking, learning, and cognitive styles.* New York: Routledge. pp.103-136.
Erikson, E. H. (1959). *Identity and the life cycle.* New York: W. W. Norton.
Erikson, E. H. (1963). *Childhood and society.* 2nd edition. New York: W. W. Norton.
Fink, L. D. (2003). *Creating significant learning experiences: An integrated approach to designing college courses.* San Francisco, CA: Jossey-Bass.
Fink, L. D. (2010). Designing our courses for greater student engagement and better

student learning. *Perspectives on Issues in Higher Education,* 13 (1), 3-12.
藤村正司 (2013). 大規模学生調査から学習成果と学習時間の構造を掴む――横断的・時系列的分析―― 大学論集 (広島大学高等教育研究開発センター), 44, 1-17.
藤田節子 (2007). 公共図書館における情報リテラシー支援の現状――情報リテラシー支援講座の立案に向けて―― 川村学園女子大学研究紀要, 18 (2), 53-73.
深堀聰子 (2008).「社会的に恵まれない層」をターゲットとするアメリカの若年雇用政策――中等教育段階の職業教育と離学後の積極的雇用政策を中心に―― 山内乾史 (編) 教育から職業へのトランジション――若者の就労と進路職業選択の教育社会学―― 東信堂 pp.74-101.
Fukuda, S. T.・坂田浩 (2010). 学生の授業外学習時間の現状とこれからの課題 大学教育研究ジャーナル (徳島大学), 7, 138-146.
Gergen, K. J., & Gergen, M. M. (1986). Narrative form and the construction of psychological science. In T. R. Sarbin (Ed.), *Narrative psychology: The storied nature of human conduct.* New York: Praeger. pp.22-44.
Gibbs, G., & Simpson, C. (2004). Conditions under which assessment supports students' learning. *Learning and Teaching in Higher Education,* 1(1), 3-31.
González, J., & Wagenaar, R. (Eds.) (2008). *Universities' contribution to the Bologna Process : An introduction.* 2nd edition. Publicaciones de la Universidad de Deusto. 参照日：2014年5月6日 http://www.unideusto.org/tuningeu/publications/278-universitiesacontribution-to-the-bologna-process-an-introduction-english-version.html
グリフィン, P.・マクゴー , B.・ケア, E. (編) 三宅なほみ (監訳) 益川弘如・望月俊男 (編訳) (2014). 21世紀型スキル――学びと評価の新たなかたち―― 北大路書房
Guskin, A. E. (1994). Reducing student costs and enhancing student learning: The university challenge of the 1990s. *Change,* 26 (4), 23-29.
Hand, L., Sanderson, P., & O'Neil, M. (1996). Fostering deep and active learning through assessment. *Accounting Education,* 5(1), 103-119.
Harden, R. M., & Crosby, J. (2000). AMEE Guide No 20: The good teacher is more than a lecturer The twelve roles of the teacher. *Medical Teacher,* 22 (4), 334-347.
Hay, D. B. (2007). Using concept maps to measure deep, surface and non-learning outcomes. *Studies in Higher Education,* 32 (1), 39-57.
Hay, D., & Kinchin, I. (2008). Using concept mapping to measure learning quality. *Education + Training,* 50 (2), 167-182.
Hay, D., Kinchin, I., & Lygo-Baker, S. (2008). Making learning visible: The role of concept mapping in higher education. *Studies in Higher Education,* 33 (3), 295-311.
林一雅 (2010). ケーススタディ――駒場アクティブラーニングスタジオ (東京大学)

―― 山内祐平 (編) 学びの空間が大学を変える　ボイックス株式会社　pp.17-42.
林一雅 (2011). 世界のアクティブラーニングと東京大学KALSの取り組み　河合塾 (編)　アクティブラーニングでなぜ学生が成長するのか――経済系・工学系の全国大学調査からみえてきたこと――　東信堂　pp.231-250.
Herreid, C. F., & Schiller, N. A. (2013). Case studies and the flipped classroom. *Journal of College Science Teaching,* 42 (5), 62-66.
日向野幹也 (2013). 大学教育アントレプレナーシップ――新時代のリーダーシップの涵養――　ナカニシヤ出版
Hiltz, S. R. (1998). Collaborative learning in asynchronous learning networks: Building learning communities.　参照日：2014年5月6日　http://files.eric.ed.gov/fulltext/ED427705.pdf
市川昭午 (編) (1995). 大学大衆化の構造　玉川大学出版部
飯島宗享 (1992). 自己について　未知谷
池田玲子・舘岡洋子 (2007). ピア・ラーニング入門――創造的な学びのデザインのために――　ひつじ書房
今村成夫 (2011). 現代社会を表す用語の資料上での出現状況――「情報社会」「情報化社会」「知識基盤社会」の使用状況――　大正大学研究紀要, 96, 161-168.
井下千以子 (2008). 大学における書く力考える力――認知心理学の知見をもとに――　東信堂
井下千以子 (2010). 学士課程カリキュラム・マップに見る「学びの転換」と「学びの展開」――Writing Across the CurriculumとFD――　東北大学高等教育開発推進センター (編)　大学における「学びの転換」と学士課程教育の将来　東北大学出版会　pp.28-40.
井下理 (2013). ラーニング・コモンズ――学習の支援と空間――　IDE (現代の高等教育), No.556, 4-10.
井上明 (2009). PBL情報教育のための7つのプラクティス　甲南大学情報教育研究センター紀要, 8.
犬塚篤 (2012). ビッグデータ時代の知識共有　情報の科学と技術, 62 (7), 302-307.
伊藤浩行 (2011). 工学系数学における新たな授業制度の試み――1週複数回授業、成績更新型履修制度、単元クレジット制――　京都大学高等教育研究, 17, 173-182.
岩川直樹 (2005). 誤読／誤用されるPISA報告――人生をつくり、社会に参加する力が問われている――　世界 (岩波書店), 739, 121-128.
Jarvis, P. (1993). The learning process and late modernity. *Scandinavian Journal of Educational Research,* 37(3), 179-190.
Johnson, D. W., & Johnson, R. T. (1975). *Learning together alone: Cooperation, competition, and individualization.* New Jersey: Prentice-Hall.

Johnson, D. W., & Johnson, R. T. (2005). New developments in social interdependence theory. *Genetic, Social, and General Psychology Monographs,* 131(4), 285-358.
Johnson, D. W., Johnson, R. T., & Holubec, E. J. (1993). *Circles of learning: Cooperation in the classroom.* Fourth edition. Edina, Minnesota: Interaction Book Company.
Johnson, D. W., Johnson, R. T., & Holubec, E. J. (1998). *Advanced cooperative learning.* 3rd edition. Edina, MN: Interaction Book Company.
Johnson, D. W., Johnson, R. T., Holubec, E. J., & Roy, P. (1984). *Circles of learning: Cooperation in the classroom.* The Association for Supervision and Curriculum Development Publications.
Johnson, D. W., Johnson, R. T., & Smith, K. A. (1998). *Active learning: Cooperation in the college classroom.* Edina, MN: Interaction Book Company.
Kagan, S. (1989). The structural approach to cooperative learning. *Educational Leadership,* 47(4), 12-15.
梶田叡一 (1995). 大学生は講義・演習等の何に満足し、何が不満なのか　京都大学高等教育研究, 創刊号, 54-58.
金子忠史 (1994). 新版 変革期のアメリカ教育 (大学編)　東信堂
兼田真之・新田英雄 (2009). クリッカーを用いたピア・インストラクションの授業実践　物理教育, 57 (2), 103-107.
加藤かおり (2013). 学習者中心の大学教育における学習をどう捉えるか――深いアプローチを手掛かりに――　大学教育学会誌, 35(1), 57-61.
加藤かおり・杉原真晃・ホートン広瀬恵美子 (2011). 学生の理解を深める教授学習 (deep approach)　大学教育学会誌, 33 (2), 88-91.
勝野頼彦 (研究代表) (2013). 社会の変化に対応する資質や能力を育成する教育課程編成の基本原理　国立教育政策研究所・教育課程の編成に関する基礎的研究報告書5
河合塾 (編) (2011). アクティブラーニングでなぜ学生が成長するのか――経済系・工学系の全国大学調査からみえてきたこと――　東信堂
河合塾 (編) (2013).「深い学び」につながるアクティブラーニング――全国大学の学科調査報告とカリキュラム設計の課題――　東信堂
川島直子・福田素子 (2012).「世界基準の授業」をつくれ――奇跡を生んだ創価大学経済学部IP――　時事通信社
絹川正吉 (2010). 学士課程教育と「学びの転換」　東北大学高等教育開発推進センター (編)　大学における「学びの転換」と学士課程教育の将来　東北大学出版会　pp.63-75.
喜多村和之 (1988). 大学における「授業」――大学教師の意見から――　喜多村和之 (編)　大学教育とは何か　玉川大学出版部　pp.9-23.
Kolb, D. A. (1984). *Experiential learning: Experience as the source of learning and*

development. New Jersey: Prentice-Hall.
Kolb, A. Y., & Kolb, D. A. (2005). Learning styles and learning spaces: Enhancing experiential learning in higher education. *Academy of Management Learning & Education,* 4 (2), 193-212.
Koljatic, M., & Kuh, G. D. (2001). A longitudinal assessment of college student engagement in good practices in undergraduate education. *Higher Education,* 42, 351-371.
小杉礼子 (2003). フリーターという生き方　勁草書房
小杉礼子 (2010). 若者と初期キャリア――「非典型」からの出発のために――　勁草書房
Kuh, G. D. (2003). What we're learning about student engagement from NSSE. *Change,* 35 (2), 24-32.
黒澤昌子・玄田有史 (2001). 学校から職場へ――「七・五・三」転職の背景――　日本労働研究雑誌, 490, 4-18, 94.
楠見孝 (編) (2010). 思考と言語 (現代の認知心理学3)　北大路書房
葛城浩一 (2008). 学習経験の量に対するカリキュラムの影響力――大学教育によって直接的に促される学習経験に着目して――　広島大学大学院教育学研究科紀要, 第三部, 57, 133-140.
葛城浩一 (2013). 学修時間の確保は教育成果の獲得にどのような影響を与えるか――授業外学修時間と教育成果の獲得との関連性に着目して――　大学教育学会誌, 35(2), 104-111.
Lage, M. J., Platt, G. J., & Treglia, M. (2000). Inverting the classroom: A gateway to creating an inclusive learning environment. *Journal of Economic Education,* 31(1), 30-43.
ロンドン大学教育研究所大学教授法研究部　喜多村和之・馬越徹・東曜子 (編訳) (1982). 大学教授法入門――大学教育の原理と方法――　玉川大学出版部
Marton, F., & Säljö, R. (1976). On qualitative differences in learning: I: Outcome and process. *British Journal of Educational Psychology,* 46, 4-11.
松尾睦 (2006). 経験からの学習――プロフェッショナルへの成長プロセス――　同文舘出版
松下佳代 (2007). コンピテンス概念の大学カリキュラムへのインパクトとその問題点――Tuning Projectの批判的検討――　京都大学高等教育研究, 13, 101-119.
松下佳代 (2009).「主体的な学び」の原点――学習論の視座から――　大学教育学会誌, 31(1), 14-18.
松下佳代 (2010a).〈新しい能力〉概念と教育――その背景と系譜――　松下佳代 (編)〈新しい能力〉は教育を変えるか――学力・リテラシー・コンピテンシー――　ミネルヴァ書房　pp.1-41.
松下佳代 (2010b). 大学における「学びの転換とは」――unlearn概念による検討――

東北大学高等教育開発推進センター(編) 大学における「学びの転換」と学士課程教育の将来 東北大学出版会 pp.5-15.
松下佳代 (2011). PISAの能力観・価値観と日本的受容の過程 教育, 61(6), 4-12.
松下佳代 (2012) 授業をどうみるか 京都大学高等教育研究開発推進センター(編)生成する大学教育学 ナカニシヤ出版 pp.85-91.
松下佳代 (2014). 大学から仕事へのトランジションにおける〈新しい能力〉——その意味の相対化—— 溝上慎一・松下佳代(編) 高校・大学から仕事へのトランジション——変容する能力・アイデンティティと教育—— ナカニシヤ出版 pp.91-117.
松下佳代・小野和宏・高橋雄介 (2013). レポート評価におけるルーブリックの開発とその信頼性の検討 大学教育学会誌, 35 (1), 107-115.
松下佳代・田口真奈 (2012). 大学授業 京都大学高等教育研究開発推進センター(編) 生成する大学教育学 ナカニシヤ出版 pp.77-107.
松下佳代・田口真奈・大山牧子 (2013). 深い学習の評価ツールとしてのコンセプトマップの有効性——哲学系入門科目でのアクションリサーチを通じて—— 大学教育学会誌, 35(2), 121-130.
Mazur, E. (1997). *Peer instruction: A user's manual.* New Jersey: Prentice Hall.
McInnerney, J. M., & Roberts, T. S. (2004). Collaborative or cooperative learning. In T. S. Roberts (Ed.), *Online collaborative learning: Theory and practice.* Hershey: Information Science Publishing. pp.203-214.
McLeish, J. (1968). *The lecture method.* Cambridge Monographs on Teaching Methids, No.1.
McMullen, S. (2008). US academic libraries: Today's learning commons model. *Librarian Publications,* Paper 14. 参照日: 2014年4月30日 http://docs.rwu.edu/librarypub/14/
Meyers, C., & Jones, T. B. (1993). *Promoting active learning: Strategies for the college classroom.* San Francisco: Jossy-Bass.
皆川嘉徳 (2013).「21世紀型学力」の視点から見た総合的な学習の時間の可能性——PISA調査および全国学力・学習状況調査の問題分析から—— 生活科・総合的学習研究 (愛知教育大学生活科教育講座), 11, 205-214.
Mishra, S. (2013). *Information literacy in higher education: A critical study of two universities of Rajasthan.* Saarbrücken: LAP LAMBERT Academic Publishing.
三浦真琴 (2010). Active Learning の理論と実践に関する一考察——LAを活用した授業実践報告(1)——. 関西大学高等教育研究, 創刊号, 25-35.
溝上慎一 (2001). 大学生固有の意味世界に迫るためのポジション理論 溝上慎一(編) 大学生の自己と生き方——大学生固有の意味世界に迫る大学生心理学—— ナカニシヤ出版 pp.50-66
溝上慎一 (2004). 現代大学生論——ユニバーシティ・ブルーの風に揺れる——

NHKブックス
溝上慎一 (2008). 自己形成の心理学——他者の森をかけ抜けて自己になる—— 世界思想社
溝上慎一 (2009). 授業・授業外学習による学習タイプと能力や知識の変化・大学教育満足度との関連性——単位制度の実質化を見据えて—— 山田礼子 (編) 大学教育を科学する——学生の教育評価の国際比較—— 東信堂 pp.119-133.
溝上慎一 (2010). 現代青年期の心理学——適応から自己形成の時代へ—— 有斐閣選書
溝上慎一 (2011). 大学生の授業外学習の実態と成長指標としての授業外学習 京都大学高等教育研究, 17, 150-161.
溝上慎一 (2012). 学生の学びと成長 京都大学高等教育研究開発推進センター (編) 生成する大学教育学 ナカニシヤ出版 pp.119-145.
溝上慎一 (2013). 何をもってディープラーニングとなるのか?——アクティブラーニングと評価—— 河合塾 (編)「深い学び」につながるアクティブラーニング——全国大学の学科調査報告とカリキュラム設計の課題—— 東信堂 pp.277-298.
溝上慎一 (2014a). 学校から仕事へのトランジションとは 溝上慎一・松下佳代 (編) 高校・大学から仕事へのトランジション——変容する能力・アイデンティティと教育—— ナカニシヤ出版 pp.1-39.
溝上慎一 (2014b). 自己―他者の構図から見た越境の説明——アクティブラーニングの潮流に位置づけて—— 富田英司・田島充士 (編) 大学教育——越境の説明をはぐくむ心理学—— ナカニシヤ出版 pp.221-230.
溝上慎一・藤田哲也 (2001). 授業通信による学生との相互行為II——相互行為はいかにして作られたか—— 京都大学高等教育研究, 7, 89-110.
望月俊男 (2010). 能動的な学びを促進するスタジオ型教室 山内祐平 (編) 学びの空間が大学を変える ボイックス株式会社 pp.45-74.
森俊太 (1995). 大学「授業制度」の日米比較——3大学のケース—— 一般教育学会誌, 17(2), 174-178.
森俊太 (2003). 学期制度と教育効果——日米大学の比較—— 静岡文化芸術大学研究紀要, 3, 51-56.
長澤多代 (2013). 主体的な学びを支える大学図書館の学修・教育支援機能——ラーニングコモンズと情報リテラシー教育を中心に—— 京都大学高等教育研究, 19, 99-110.
中井俊樹・中島英博 (2005). 優れた授業実践のための7つの原則とその実践手法 名古屋高等教育研究, 5, 283-299.
Neumark, D. (2007). Improving school-to-work transitions: Introduction. In D. Neumark, (Ed.), *Improving school-to-work transitions.* New York: Russell Sage Foundation. pp.1-23.

西岡加名恵 (2008).「逆向き設計」とは何か　西岡加名恵 (編)　逆向き設計で確かな学力を保障する　明治図書　pp.9-32.

新田英雄 (2011). ピア・インストラクションとは何か　日本物理学会誌, 66(8), 629-632.

野中郁次郎・竹内弘高 (著)　梅本勝博 (訳) (1996). 知識創造企業　東洋経済新報社

野中郁次郎・梅本勝博 (2001). 知識管理から知識経営へ──ナレッジマネジメントの最新動向──　人工知能学会誌, 16 (1), 4-14.

Novak, G. M. (2011). Just-in-time teaching. *New Directions for Teaching and Learning*, 128, 63-73.

Novak, G. M., Patterson, E. T., Gavrin, A. D., & Christian, W. (1999). *Just-in-time teaching: Blending active learning with web technology.* Upper Saddle River, New Jersey.: Prentice-Hall.

Novak, J. D., & Cañas, A. J. (2006). The theory underlying concept maps and how to construct them. Florida Institute for Human and Machine Cognition, Technical Report.
http://www.vcu.edu/cte/workshops/teaching_learning/2008_resources/TheoryUnderlyingConceptMaps.pdf

Novak, J. D., & Musonda, D. (1991). A twelve-year longitudinal study of science concept learning. *American Educational Research Journal,* 28(1), 117-153.

織田揮準 (1991). 大福帳による授業改善の試み──大福帳効果の分析──　三重大学教育学部研究紀要 (教育科学), 42, 165-174.

織田揮準 (1995). 学生からのフィードバック情報を取り入れた授業実践　放送教育開発センター研究報告, 83, 5-17.

沖裕貴 (2007). 観点別教育目標から考えるカリキュラム・ポリシーの構造──理念・目標・ディプロマ・ポリシー、シラバスとの関連において──　立命館高等教育研究, 7, 61-74.

沖裕貴 (2013).「教育から学習への転換を支えるもの」──教員・職員・学生の認識の共有をどう実現するか──　大学教育学会誌, 35(2), 18-23.

大久保幸夫 (編) (2002). 新卒無業。──なぜ、彼らは就職しないのか──　東洋経済新報社

大久保由美子 (2007). アウトカム基盤型カリキュラムのなかでのチュートリアル教育　東京女子医科大学雑誌, 77 (8), 429-434.

Panitz, T. (1999). Collaborative versus cooperative learning: A comparison of the two concepts which will help us understand the underlying nature of interactive learning.
http://files.eric.ed.gov/fulltext/ED448443.pdf

Pask, G. (1976). Styles and strategies of learning. *British Journal of Educational Psychology,* 46(2), 128-148.

ポラニー, M. 佐藤敬三 (訳) 伊東俊太郎 (序) (1980). 暗黙知の次元——言語から非言語へ——紀伊國屋書店

Popham, W. J. (1997). What's wrong-and what's right-with rubrics. *Educational leadership*, 55, 72-75.

Prince, M. (2004). Does active learning work?: A review of the research. *Journal of Engineering Education*, 93 (3), 223-231.

Prince, M. J., & Felder, R. M. (2006). Inductive teaching and learning methods: Definitions, comparisons, and research bases. *Journal of Engineering Education*, 95 (2), 123-138.

レイボウ, J・チャーネス, M. A・キッパーマン, J・ベイシル, S. R. (著) 丸野俊一・安永悟 (訳) (1997). 討論で学習を深めるには——LTD話し合い学習法——(第2版) ナカニシヤ出版

Raffe, D., Biggart, A., Fairgrieve, J., Howieson, C., Rodger, J., & Burniston, S. (1998). *Thematic review of the transition from initial education to working life: United Kingdom: Background Report.* OECD. http://www.oecd.org/education/country-studies/1908270.pdf

Ramsden, P. (1992). *Learning to teach in higher education.* London: Routledge.

Ramsden, P. (2003). *Learning to teach in higher education.* Second edition. London: RoutledgeFalmer.

レディッシュ, E. F. 日本物理教育学会 (監訳) (2012). 科学をどう教えるか——アメリカにおける新しい物理教育の実践—— 丸善出版

Robinson, M. B. (2000). Using active learning in criminal justice: Twenty-five examples. *Journal of Criminal Justice Education*, 11(1), 65-78.

Rozycki, W. (1999). Just-in-time teaching. *Research and Creative Activity (Office of the University Graduate School at Indiana University)*, Volume 22, Number 1.

ライチェン, D. S.・サルガニク, L. H. (編) 立田慶裕 (監訳) (2006). キー・コンピテンシー——国際標準の学力をめざして—— 明石書店

斉藤智 (2002). 作動記憶 日本認知科学会 (編) 認知科学辞典 共立出版 pp.312-313.

佐藤浩章 (2011). 3つのポリシーの策定と一貫性構築によるカリキュラムの質保証 大学教育学会誌, 33 (2), 30-35.

Schmidt, N., & Kaufman, J. (2007). Learning commons: Bridging the academic and student affairs divide to enhance learning across campus. *Research Strategies*, 20(4), 242-256.

Schrand, T. (2008). Tapping into active learning and multiple intelligences with interactive multimedia: A low-threshold classroom approach. *College Teaching*, 56 (2), 78-84.

関田一彦 (2001). 訳者あとがき ジョンソン, D. W.・ジョンソン, R. T.・スミス, K.

A. (著) 関田一彦 (監訳) 学生参加型の大学授業——協同学習への実践ガイド—— 玉川大学出版部 pp.252-254.
関田一彦 (2004). 創価大学における協同学習法の意味づけ 創大教育研究, 13, 53-57.
関田一彦 (2013). 学生の授業外学習時間増進に資する予習・復習課題の工夫——協同学習の視点からのいくつかの提案—— 創価大学教育学論集, 64, 125-137.
関田一彦・安永悟 (2005). 協同学習の定義と関連用語の整理 協同と教育, 1, 10-17.
重田勝介 (2014). 反転授業——ICTによる教育改革の進展—— 情報管理, 56 (10), 677-684.
清水一彦 (1998). 日米の大学単位制度の比較史的研究 風間書房
清水義弘 (編) (1975). 高等教育の大衆化——大衆化の流れをどう変えるか—— 第一法規
下嶋篤 (2008). 情報と知識 北陸先端科学技術大学院大学知識科学研究科 (監修) 杉山公造・永田晃也・下嶋篤・梅本勝博・橋本敬 (編) 知を再編する81のキーワード ナレッジサイエンス [改訂増補版] 近代科学社 pp.92-95.
新堀通也 (1992). 私語研究序説——現代教育への警鐘—— 玉川大学出版部
四戸友也 (2012). 多メディア化への歴史とマスコミュニケーション——情報リテラシーへのアプローチ—— 仁愛大学研究紀要, 人間学部篇, 11, 23-31.
蒋妍 (2014). 大規模講義で行うアクティブラーニング——ピア・インストラクション—— 看護教育, 55(5), 398-404.
Smith, K. A., & Waller, A. A. (1997). Afterword: New paradigms for college teaching. In W. E. Campbell, & K. A. Smith (Eds.), *New paradigms for college teaching*. Minessota: Interaction Book Compnay. pp.269-281.
Somerville, M. M., & Harlan, S. (2008). From information commons to learning commons and learning spaces: An evolutionary context. In B. Schader (Ed.), *Learning commons: Evolution and collaborative essentials*. Oxford: Chandos Publishing. pp.1-36.
Stevens, D. D., & Levi, A. J. (2005). *Introduction to rublics: An assessment tool to save grading time, convey effective feedback, and promote student learning*. Virginia: Stylus.
Study Group on the Conditions of Excellence in American Higher Education (1984). *Involvement in learning: Realizing the potential of American higher education*. Washington, D.C.: National Institute of Education, U.S. Department of Education.
杉江修治 (2011). 協同学習入門——基本の理解と51の工夫—— ナカニシヤ出版
須長一幸 (2010). アクティブ・ラーニングの諸理解と授業実践への課題——activeness概念を中心に——. 関西大学高等教育研究, 創刊号, 1-11.
舘昭 (2007). 改めて「大学制度とは何か」を問う 東信堂
Tagg, J. (2003). *The learning paradigm college*. Bolton, Massachusetts: Anker.

田島充士 (2009). 教職課程教育における学校インターンシップの可能性――ヴィゴツキーの「自覚性」概念を軸に――　高知工科大学紀要, 6 (1), 215-224.

田島充士 (2013). 異質さと共創するための大学教育――ヴィゴツキーの言語論から越境の意義を考える――　京都大学高等教育研究, 19, 73-86.

田島充士 (2014). 大学における説明の教育とは――「越境の説明」の提案――　富田英司・田島充士 (編)　大学教育――越境の説明をはぐくむ心理学――　ナカニシヤ出版　pp.3-16.

武内清 (2014). 学生文化・生徒文化の社会学　ハーベスト社

Talbert, R. (2012). Inverted classroom. *Colleagues,* 9 (1), 18-19.

田中一 (1999). さよなら古い講義――質問書方式による会話型教育への招待――　北海道大学図書刊行会

田中毎実 (1997a). 定時公開実験授業「ライフサイクルと教育」(2)――「一般教育」と「相互研修」に焦点づけて――　京都大学高等教育研究, 3, 1-24.

田中毎実 (1997b). 公開授業のめざしたもの　京都大学高等教育教授システム開発センター (編)　開かれた大学授業をめざして――京都大学公開実験授業の一年間――　玉川大学出版部　pp.14-21.

谷村英洋・金子元久 (2009).　学習時間の日米比較　IDE (現代の高等教育), 515, 61-65.

寺田盛紀 (2004). 序章　寺田盛紀 (編)　キャリア形成・就職メカニズムの国際比較――日独米中の学校から職業への移行過程――　晃洋書房　pp.1-4.

富田英司・田島充士 (編) (2014). 大学教育――越境の説明をはぐくむ心理学――　ナカニシヤ出版

植田正暢 (2009). 福岡女学院大学短期大学部における学習時間増加のための取り組み――単位制度の実質化の視点から――　リメディアル教育研究, 4(2), 155-161.

梅本勝博 (2006). ナレッジ・マネジメントの起源と本質　エコノミスト, 84 (41), 50-53.

Vandiver, D. M., & Walsh, J. A. (2010). Assessing autonomous learning in research methods courses: Implementing the student-driven research project. *Active Learning in Higher Education,* 11 (1), 31-42.

Vogel, E. (1979). *Japan as number one: Lessons for America.* Cambridge, Massachusetts: Harvard University Press.

Watkins, D. (1983). Depth of processing and the quality of learning outcomes. *Instructional Science,* 12(1), 49-58.

Watkins, D. (2001). Correlates of approaches to learning: A cross-cultural meta-analysis. In In R. J. Sternberg, & L. F. Zhang (Eds.), *Perspectives on thinking, learning, and cognitive styles.* New York: Routledge. pp.165-195.

Wiggins, G., & McTighe, J. (2005). *Understanding by design.* Expaded 2nd edition.

Upper Saddle River, N.J.: Pearson Merrill Prentice Hall.

Willis, S. C., Jones, A., Bundy, C., Burdett, K., Whitehouse, C. R., & O'neill, P. A. (2002). Small-group work and assessment in a PBL curriculum: A qualitative and quantitative evaluation of student perceptions of the process of working in small groups and its assessment. *Medical Teacher,* 24 (5), 495-501.

Wood, W. B. (2004). Clickers: A teaching Gimmick that works. *Developmental Cell,* 7 (6) 796-798.

ウッズ, D. R.　新道幸恵（訳）(2001). PBL (Problem-Based Learning)──判断能力を高める主体的学習── 医学書院

保田江美・溝上慎一 (2014). 初期キャリア以降の探究──「大学時代のキャリア見通し」と「企業におけるキャリアとパフォーマンス」を中心に　中原淳・溝上慎一編　活躍する組織人の探究──大学から企業へのトランジション──　東京大学出版会　pp.139-173.

安永悟 (2004). 対話による学習モデル──LTD話し合い学習法──　杉江修治・関田一彦・安永悟・三宅なほみ (編)　大学授業を活性化する方法　玉川大学出版部　pp.107-144.

安永悟 (2006). 実践・LTD話し合い学習法　ナカニシヤ出版

安永悟 (2012). 活動性を高める授業づくり──協同学習のすすめ──　医学書院

山田浩之 (2007). 大学生の学習行動　山田浩之・葛城浩一 (編)　現代大学生の学習行動　高等教育研究叢書90 (広島大学高等教育研究開発センター)　pp.11-23.

山田礼子 (2009). 学生の情緒的側面の充実と教育成果──CSSとJCSS結果分析──　大学論集 (広島大学高等教育研究開発センター), 40, 181-198.

山田礼子 (2012). 学びの質保証戦略　玉川大学出版部

やまだようこ (2000). 人生を物語ることの意味──ライフストーリーの心理学──　やまだようこ (編)　人生を物語る　ミネルヴァ書房　pp.1-38

山本富美子 (2011). 明快で論理的な談話に見られる具体化・抽象化操作──Edgar DALEの「経験の円錐」の論理的認知プロセスをめぐって──　アカデミック・ジャパニーズ・ジャーナル, 3, 67-77.

米澤誠 (2006). インフォーメーション・コモンズからラーニング・コモンズへ──大学図書館におけるネット世代の学習支援──　カレントアウェアネス, 289, 9-12.

吉田博・金西計英 (2012). 学生の授業外学習を促進する授業──2年にわたる授業実践を通して──　大学教育研究ジャーナル (徳島大学), 9, 1-10.

吉見俊哉 (2011). 大学とは何か　岩波新書

あとがき

　実は、本書の原稿は2年前に8割ほど書き上げていたが、結局、一から全面的に書き直すこととなって、本書に至っている。というのも、2年前の、中教審の質的転換答申が出る以前には、まだまだアクティブラーニングは啓蒙の段階であって、私は、多くの一般教員が読み物として読める、あまり専門の文献を参照しないかたちでの、平易なアクティブラーニングの理論的概説書を目指して原稿を書いていたからである。しかし、「はじめに」で述べたように、2012年夏に質的転換答申が出てきて、一気にアクティブラーニングが全国に広まり、一般化した。ものすごいはやさだった。もはや、平易に書いた理論的概説書くらいでは、現場のアクティブラーニングの混乱を収拾することはできないと思うほどであった。平易なものを先に出版して、あとで本書のような専門的な理論書を出版することも考えたが、世の中は待ってくれず、あっという間にそんな本は用無しとさえなったように感じられた。結局は、書き直すこととして、さらに2年を費やしてしまった。
　しかし、2年かかって、ようやくこの原稿を書き上げたというわけでもない。書き直そうと思ってからこの2年のあいだに、アクティブラーニングに対する私の理論的立場が、大きく変わってしまい、それに合わせて、また原稿を書き直さなければならなくなったのである。
　それは何だったかと言うと、私の大学生の学びと成長の仕事が、学校から仕事へのトランジションの枠組みで再構築されていったことである。詳しくは、最近刊行した溝上慎一・松下佳代編『高校・大学から仕事へのトランジション―変容する能力・アイデンティティと教育―』(ナカニシヤ出版、2014

年)の「あとがき」にも書いたが、簡単に言えば、私のこれまでやってきた、大学生の学びと成長研究が、対象としていた大学生の枠を超えて、入り口は高校と接続して、出口は仕事(ひいては社会)へと接続して、まさに高校を含めた学校から仕事へのトランジション研究として発展していったためである。もう大学生だけを見ていても、大学生だけを調査しても、大学生の学びと成長研究は十分に発展しないところまで来てしまったのである。

　出口の問題、すなわち、職場で仕事をする会社員が、学生時代、どのように大学生活を過ごし、どのように学習をしてきたか、キャリアをどのように形成してきたかを調べる調査は、中原淳さん(東京大学大学総合教育研究センター准教授)と電通育英会と共同でおこなった。その成果は、中原淳・溝上慎一編『活躍する組織人の探究―大学から企業へのトランジション―』(東京大学出版会、2014年)として刊行された。25～39歳の会社員3,000人を対象とした、振り返り式の調査であり、限界はあったが、結果は、大学生を対象に6年実施してきた一連の調査結果とかなり整合するものであった。多くの会社員がよく言うように、学生時代の対人関係や課外活動は、卒業後の職場での仕事のしかたを規定するものだったが、キャリア形成や主体的な学習は、若干であるが、対人関係や課外活動の経験よりも高く規定するという結果だった。このような、会社員にとってのキャリア形成や学習の問題は、これまでほとんど実証的に扱われてこなかったものである。まさにこのようなことが明らかになってこなければ、大学生の学びと成長と言っても、大学(学校)のなかだけで閉じた、卒業後の仕事や社会では役立たないものとなるかもしれず、その意味では、大学生の学びと成長研究が、卒業後の仕事(ひいては社会)に接続して、拡がっていくストーリーを得た。このことは、近年の大学教育改革の社会的意義を補完する一つの成果ともなった。

　他方で、これまでの大学生調査からは、とくにキャリア意識に関する高校1・2年生あたりの状況が、大学入学以降のキャリア形成に影響を及ぼしていると予想される結果がいくつか出ていた。加えて、大学に入ってからのキャリア意識は比較的安定しており、さほど変わらないこと、3年生の就職活動で急速にキャリアを形成する者がいる反面、そのまま4年生終わりまで

行ってしまう者も少なからずいること。さらに、そのようなキャリア意識がキャリア形成や就職活動の問題だけで事済まず、大学1年時からの学習意欲や履修行動のしかたにまで影響を及ぼしていること、そんな結果も出ていた。上述の会社員調査からは、振り返り式であったが、やはり学生時代のキャリア意識が職場での仕事のしかたを規定するという結果も示された。私は、高校生から大学生、社会人3年目くらいまでを追跡する調査を実施して、パネルデータをもって、このあたりの結果を検証しなければならないと考えるようになっていた。こうして、この調査は、京都大学高等教育研究開発推進センターと河合塾教育研究開発本部との共催事業として発展し、全国の高校2年生を対象として、10年間追跡するトランジション調査として実施されることとなった。2014年3月時点で、1時点目の調査が終了しており、全国400校の協力、高校2年生約45,000件の回答を得て、報告書をまとめているところである。

　以上2つのトランジション研究は、これまで大学のなかだけで閉じてなされていた大学生の学びと成長研究を、高校も併せた、学校(高校・大学)から仕事へのトランジション研究として発展させるものであった。

　実を言うと、この発展に、アクティブラーニングは直接関わっていなかった。しかし、高校とかくもつながったことで、私の学校から仕事へのトランジション研究は、アクティブラーニングをも巻き込んで、ますます発展していった。というのも、高校とつながって、高校から私によく求められたテーマは、アクティブラーニングとキャリア教育だったからである。ここでは、アクティブラーニングについてだけ述べる。高校の先生方を相手に、アクティブラーニングの意義を説くとき、いまだ十分にできていない大学でのアクティブラーニングとの接続を説くのはあまり説得力がなく、結局は、大学を飛び越えて、仕事ひいては社会と接続して、まさにトランジションの問題として説く以外、方法がなかった。その上で、大学では今こう進んでいます、とアクティブラーニングの推進状況を説明するのであった。

　高校では、2009年に学習指導要領が改訂され、国語をはじめ各教科で批評、論述、討論といった学習を充実させること、さらには数学や理科におけ

る活用・探究学習、日常生活や社会との関連などを強く求めるようになった。それは、大学教育で言うところのまさにアクティブラーニングであった。2012年度から数学・理科で先行実施され、2013年度から本格的に実施されている。私のアクティブラーニングに関する高校への関与は強まり、大きなものとなり、ますますトランジション研究としての枠組みが強化されていった。こうして、アクティブラーニングは、私のなかで、学校教育の内側の論理としての学習論ではなく、仕事・社会と接続しての社会の論理から位置づけられた学習論となったのである。

　この状況は、私のアクティブラーニングの定義に修正を迫ることとなった。私は、2010年から2013年夏頃まで、構図Aだけでアクティブラーニングを定義し（詳しくは第2章第2節(1)を参照）、アクティブラーニングという用語は、伝統的な教員から学生への一方向的な知識伝達型講義を脱却するための運動のための用語であると、政策用語だという説明をしていた。私は、細かなアクティブラーニングの理論を紹介するよりも、この講義脱却の一点に注力して説くほうがいいと考えてきたからである。しかし、私の仕事がトランジション研究として再構築されるにつれ、アクティブラーニングの定義は、もはや「(講義での)受動的学習」を脱却するという意味での「能動的学習」くらいの意味では、まったく説得力がないと感じられるようになっていた。加えて、上述してきた質的転換答申の影響で、アクティブラーニングが全国の大学に急速に広まっていた。高校でも広まっていた。もう構図Aでアクティブラーニングを説くのは賞味期限を迎え、「能動的(学習)」の意味を積極的に特定する構図Bのアクティブラーニングを、そろそろ提示していかなければならないと考えるようになっていた。説明が長くなったが、私がこの2年のあいだに、また書き直しを迫られたのは、この構図Aから構図Bへの移行を余儀なくされたからである。

　2013年の後半には、反転授業に関する国際シンポジウムに登壇し、かつ島根大学の反転授業プロジェクトにも参加することになった。学習パラダイムの最先端と考えられる反転授業の出現は、構図Bへの移行を決定的なものとしたし、構図Bでないと、理論的な位置づけが示せないと思われた。今日

の日本の大学教育で、反転授業はまだまだ目新しいものだろう。しかし、こうしたものが堂々と出てくる時代にもなったのだと考えると、構図Aのアクティブラーニングの時代は、やはり終わったのだと理解しなければならない。まだ構図Aあたりでうろうろしている大学には、「取り組みが遅いですね」と言わなければならないのかもしれない。とにかく、アクティブラーニングに関する取り組みは動きがはやい。

　最後にお礼である。
　アクティブラーニングは、私にとってもともと、大学生の学びと成長研究における下位テーマの一つ、しかも、ほんのささやかな関心だった。それが、いまやアクティブラーニングの専門家に見えてしまうほど、私はこのアクティブラーニングの舞台にすっかり駆け上ってしまった。このきっかけを最初につくったのは、当時金沢大学にいた山田政寛さん（現在、九州大学基幹教育院准教授）である。彼が、2010年2月、金沢大学でアクティブラーニングのシンポジウムを企画して、私を講演者として招いてくれた。こう書いていて、なんだ、まだそれから4年しか経っていないのかと驚きを隠せないが、それほどに、この間には実に多くのことがあった。誘いがあったとき、私は、これは引き受けてはいけないと思ったことをよく覚えている。こんなおおざっぱな用語を専門的にしっかり説明できるほど、私はアクティブラーニングについて、よくわかっていなかったからである。しかし、この機会を通して勉強しようと思い、結局引き受けてしまった。それが良かったかどうかはわからないが、そこで断っていたら、今の私はなかったかもしれない。山田さんから与えられた機会に感謝したい。
　私がアクティブラーニングの舞台へ駆け上る仲介をしたのは、何と言っても、河合塾教育研究開発本部の谷口哲也さん（教育研究部部長）と成田秀夫さん（開発研究職）である。彼らがいなければ、私のアクティブラーニングへの関わりは、ここまで大きなものとはなっていなかっただろう。2010年に実施した河合塾のアクティブラーニング調査には、私も助言者として関わり、面接調査のいくつかには私も同行した。成果シンポジウムにも登壇した。さ

らに拡大した調査が、2011〜2012年にかけて実施された。その成果は、本書でも紹介したが、3冊の本としてまとめられている（河合塾編『アクティブラーニングでなぜ学生が成長するのか―経済系・工学系の全国大学調査からみえてきたこと―』2011年、『「深い学び」につながるアクティブラーニング―全国大学の学科調査報告とカリキュラム設計の課題―』2013年、『「学び」の質を保証するアクティブラーニング―3年間の全国大学調査から―』2014年、いずれも東信堂）。この調査結果は、全国の大学におけるアクティブラーニングの組織的実施状況を把握するのに、大いに役立った。また、全国の大学に大きなインパクトを与え、アクティブラーニングの取り組みを推進させた。はじめは、細々と研究していた私のアクティブラーニングの成果を根こそぎ河合塾に持っていかれるような感じがあったが、それでアクティブラーニングが多くの大学で普及するならと思い、あまりうるさいことは言わないことにした。しかし、彼らは学者の仕事をほんとうに尊重して仕事を進めてくれ、私は彼らを信頼し、彼らと仕事をすることがほんとうに楽しくなった。そして、このアクティブラーニング調査の延長上で、今度は私の、高校生からの10年間トランジション調査に協力してくれることになった。10年トランジション調査は、調査の規模から考えて、学者が1人や数人でできる類のものではまったくなかった。河合塾の協力があってこそはじめて実現できたものである。前田康宏さん（理事・教育研究開発本部長）、髙井靖雄さん、朝岡三博さん、伊藤寛之さんをはじめとする河合塾教育研究開発本部のスタッフ、そしてライターの友野伸一郎さんにとても感謝している。

　高校の先生方と私をつないでくれたのは、学研教育みらいの大堀精一さんとライターの福永文子さんである。大堀さんと福永さんとは、かれこれ10年以上のつきあいになる。大堀さんらには、2011年、2012年と、夏に開催している大学生研究フォーラムの第2部「高校教諭のためのシンポジウム」を担当してもらい、全国から200〜300名の高校の先生方を京都に連れてきてもらった。シンポジウムでは、高校におけるキャリア教育と学び（アクティブラーニング）をテーマとして、講演、パネルディスカッションがなされた。2013年からは、学研教育みらいが主催、京都大学高等教育研究開発推

進センターが協賛となって、「高校教育フォーラム」と名称変更をして、会を続けている。お二人と、学研教育みらいの上村直之さん(学力開発事業部長)、望月孝美さん(学力開発事業部営業統括室長)にお礼を申し上げたい。

　高校の先生方とつないでくれるもう一人は、産業能率大学の林巧樹さん(入試企画部長)である。産業能率大学では、2007年から高校の先生方を対象に「キャリア教育推進フォーラム」を実施しており、私は2010年の第4回目から毎年招いてもらっている。2012年からは、自由が丘(東京都)と名古屋の2会場で開催していることもあって、けっこうな頻度で伺っている印象だ。そこで私に与えられるテーマは、やはりアクティブラーニングとキャリア教育である。はじめは、大学でのこのテーマの動向を紹介するだけで事足りていたのだが、他のプログラムで紹介される高校の実践例に触れる機会にもなり、学研教育みらいのシンポジウムや高校教育フォーラムでの実践紹介も併せて、だんだん高校の状況もわかるようになってきた。最近では、高校でのアクティブラーニング、キャリア教育、高大接続、トランジションについて、ものが考えられるようになっていて、積極的に考えを述べるようになった。私にとっても、産業能率大学のキャリア教育推進フォーラムは貴重な勉強の場となっている。林さんには、京都大学・河合塾の10年トランジション調査にも、並々ならぬ協力をいただいており、ますます深いつきあいになってきている。上原道子さん(入試企画部係長)も併せて、厚くお礼を申し上げたい。

　公益財団法人電通育英会の里村博行さん(前事務局長)、吉村彰芳さん(事務局長)をはじめ、森隆一さん(理事長)、小林洋一さん(専務理事)には、最大のお礼を申し上げねばならない。里村さんが私の研究室に訪ねてきた2007年から数えて、かれこれ7年になる。この間、『大学生のキャリア意識調査2007』『同2010』『同2013』、その間の追跡調査、先に紹介した『大学から企業へのトランジション調査』、2008年から毎年夏に6回の大学生研究フォーラムを実施してきた。細々とやっていた私の大学生の学びと成長研究が、一気に全国展開したのは、電通育英会との共同事業のおかげである。高校からの10年トランジション調査は、高校生を対象として始めることもあって、

河合塾に協力をお願いしたが、高校2年生が大学生になってなされる2時点目の調査以降では、電通育英会と実施してきた調査票が基礎となって実施される。これらの調査やフォーラムでの議論は、私の仕事の基礎となっているもので、これまでのご協力に感謝してもしきれないほどである。

　私の仕事をセンターの仕事として位置づけて支援してくれている京都大学高等教育研究開発推進センターの飯吉透教授／センター長をはじめ、先生方にも感謝を述べたい。とくに、ディープ・アクティブラーニングの考え方（第4章第1節を参照）、逆向き設計（第4章第3節を参照）については、松下佳代さん（教授）に教えられた。ルーブリックやコンセプトマップの資料も本書に提供してもらい、併せてお礼を申し上げる。

　協同学習に関しては、安永悟さん（久留米大学文学部教授）、関田一彦さん（創価大学教育学部教授）と、長い年月議論と親交を続けている。お二人から学んだことはほんとうに多い。お礼を申し上げる。アクティブラーニングの組織的展開について、定期的に意見交換をしている亀倉正彦さん（名古屋商科大学教授）にもお礼を申し上げる。大阪府・京都府・京都市の教育委員会と河合塾とでおこなっている高校の活用・探究の勉強会でご一緒する、中濱秀徳さん（大阪府教育センターカリキュラム研究室 主任指導主事）、岡本真澄さん（大阪府教育センターカリキュラム研究室 主任指導主事）、末房和真さん（京都市教育委員会総合教育センター指導室指導主事）、井尻達也さん（京都市立堀川高校教諭）にもお礼を申し上げたい。先生方とは「探究チーム」で、この1年半毎月お会いして勉強会を重ねてきて、高校の状況など丁寧に教えていただいた。勉強会を主導する椋本洋さん（立命館大学理工学部講師）、安彦忠彦さん（神奈川大学特別招聘教授、名古屋大学名誉教授）、内村浩さん（京都工芸繊維大学アドミッションセンター教授）へも併せて、お礼を述べたい。椋本さん、安彦さんには10年トランジション調査でも、かなりお世話になった。感謝に堪えない。天野誠さん（大阪府教育センターカリキュラム研究室　室長・首席指導主事）にもお礼を述べておく。大阪府立高校との仕事では、いつも天野さんがそばにいてくれて、あたたかく指導してくれる。ほんとう、いい勉強になっている。

　本書に写真や情報を提供してくれた長澤多代さん（三重大学附属図書館研究

開発室准教授)、北村由美さん(京都大学附属図書館研究開発室准教授)、森朋子さん(関西大学教育推進部准教授)、塙雅典さん(山梨大学大学院医学工学総合研究部教授)にもお礼を申し上げたい。ほか、すべての人の名前を挙げられないが、アクティブラーニングに関して議論してきた多くの大学関係者、高校の先生方にお礼を申し上げる。

　最後に、いつも私たちの仕事を支援してくれ、本書の原稿も、5年待ってくださった東信堂社長の下田勝司さん、編集に携わった向井智央さんにもお礼を述べて、また、本書を東信堂の高等教育関連書籍の1冊に加えてもらえる有り難さに、感謝の意も表して、筆を置きたい。

溝上慎一
2014年6月末

事項索引

【あ】

アイデンティティ　26-27, 45
　心理社会的——　63
アカデミックライティング　65
アクティブラーニング型授業　12-15, 70-73
アクティブラーニングスタジオ　134, 136
暗黙知　63
アンラーン（unlearn）　65
意義ある学習経験　17-21, 41, 122
一般的 AL　126-129
エンプロイヤビリティ　46
追いつき型近代化　31
教えるから学ぶへ　9, 25-29, 33-37, 94

【か】

学習スタイル　109
学習パラダイム　→　教授パラダイム
学習指導要領　→　新学習指導要領
学習への深いアプローチ　104-116, 123, 125
学士力　46-47
学生関与　44
学生主導型　72, 86, 92-93, 97, 117
学生の多様化　28, 35, 40-41, 43-44, 105, 149
学生の学びと成長　23, 27, 43-44, 163
学校から仕事・社会へのトランジション　45-50, 146, 155, 163
カリキュラム・ディベロップメント　125-130
技法　67-71, 76, 90
逆向き設計　120-122, 125
キャリア教育　46
教育の質保証　119, 126
教授パラダイム/学習パラダイム/教授パラダイムから学習パラダイムへの転換　9-10, 12, 19, 21-22, 25-41, 45, 47, 57-58, 94, 122, 139, 146, 149
共創的越境　52, 63-64
協調学習　88-98, 138
協同学習　67, 71, 82, 88-98, 140-142
クリッカー　33, 70-71, 73-75, 78-81, 103, 114, 116
経験学習　116
検索型の知識基盤社会　53-59, 62, 122, 148, 150, 159
公共圏他者（コミュニケーション）　51-53, 63
高次 AL　127-129
高等教育（大学）の大衆化　28-29, 31, 35, 40-41, 43-44, 149
コンセプトマップ　110-116, 123, 125
コンピテンス（コンピテンシー）　27, 45-48, 51

【さ】

作動記憶　→　ワーキングメモリ
ジェネリックスキル　→　汎用的能力
システム　70, 76
質保証　→　教育の質保証
社会構成主義　80, 93
社会人基礎力　46, 155
授業外学習（時間）　117-120, 133, 140-141, 143, 152
主体的な学び　97-101
準拠枠　58
情報コミュニケーション技術　→　ICT
情報処理プロセス　10, 106
情報・知識リテラシー　22, 54, 58-65, 78, 84-85, 87, 100, 105-106, 122, 146, 148, 159-160
情報リテラシー　47, 58-60

初年次教育（ゼミ・セミナー） 51, 53, 83, 123, 126-127
自律性 27, 45, 98, 155
新学習指導要領 46
真正のアセスメント 120
親密圏他者（コミュニケーション） 51-52
心理社会的アイデンティティ → アイデンティティ
先行オーガナイザー 111
戦略（性） 67-72, 76, 82, 85, 90, 109, 117, 120
素朴概念 114

【た】

大学設置基準の改訂（大綱化） 33, 40
（大学の）大衆化 → 高等教育の大衆化
大福帳 33, 70-71
卓越性の条件 29
単位制度 119, 130-132
チーム基盤学習 → TBL（Team-Based Learning）
チューニングプロジェクト 46-48, 51
ディープ・アクティブラーニング 110
ディープラーニング → 学習への深いアプローチ
トランジション → 学校から仕事・社会へのトランジション

【な】

内発的動機 100
ナレッジ・マネジメント 59-61
何でも帳 33 70-71
認知機能 9-10, 109
認知プロセス（の外化） 7, 9-11, 13, 16-17, 22-23, 39, 99, 103-104, 106, 146

【は】

パフォーマンス課題 123
反転授業 140-143

汎用的大卒者特性 46
汎用的能力（技能） 21-22, 42-43, 46-47, 119, 126
ピアインストラクション 73-81, 86, 114, 117
非学習 112-113
ファカルティ・ディベロップメント（FD） 40, 128, 138
プロジェクト型学習 → PBL（Project-Based Learning）
ポジショニング（ポジション） 8, 42-43, 71, 94
ポリシー（アドミッション／カリキュラム／ディプロマ） 126, 157
ボローニャプロセス 46

【ま】

前概念 114
無業 49
モチベーション・ディバイド 143
問題解決学習 → PBL（Problem-Based Learning）

【や】

有意味学習 111-112

【ら】

ラーニングコモンズ 33, 134, 136-139
ラーニングピラミッド 147-153
理解 84, 122
リテラシー 46
　情報―― → 情報リテラシー 47
ルーブリック 114, 123-125

【わ】

ワーキングメモリ（作動記憶） 16

【英数字】

BLP（ビジネス・リーダーシップ・プログラム／Business Leadership Program）

	71, 130
FD　→　ファカルティ・ディベロップメント	
ICT（情報コミュニケーション技術）	33, 47, 54-56, 60, 70
JiTT（Just-in-Time Teaching）	76-77
LTD 話し合い学習法	67, 70-72, 82-86, 89, 117, 146
MOOC（Massive Open Online Course）	140
OCW（OpenCourseWare）	140
OECD-DeSeCo	46-48, 51
OECD-PISA	46, 62
――リテラシー	62
PBL（問題解決学習 / Problem-Based Learning）	14-15, 21-22, 49, 67, 70, 72, 85-88, 117, 127, 130, 141, 153-154
――チュートリアル	86
PBL（プロジェクト [型] 学習 / Project-Based Learning）	71, 85, 139, 154-156
PISA リテラシー　→ OECD PISA リテラシー	
TBL（チーム基盤学習 / Team-Based Learning）	71-72
TEAL 教室	134-135
21 世紀型スキル（能力）	46
3 つのポリシー　→　ポリシー	

人名・機関名索引

【あ】

アルバニーズ（Albanese, M.） 85
アンブロース（Ambrose, S.） 114
飯島宗享 98
犬塚篤 60, 64
井下千以子 65
ウィギンズ（Wiggins, G.） 84, 120, 122
ウッズ（Woods, D.） 49
梅本勝博 59-60, 62
エイソン（Eison J.） 7, 15-17, 88
江原武一 28
エリクソン（Erikson, E.） 6
エントウィッスル（Entwistle, N.） 106, 111
扇谷尚 32, 38
大久保由美子 87
オーズベル（Ausubel, D.） 111
大山牧子 110-111, 114

【か】

梶田叡一 39-40
ガスキン（Guskin, A.） 34
河合塾 126-127, 129-130
絹川正吉 52
ギャムソン（Gamson, Z.） 10
ケーガン（Kagan, S.） 92
国立教育研究所 26
コスティン（Costin, F.） 152
コルブ（Kolb, D.） 116

【さ】

重田勝介 140
四戸友也 54
清水一彦 132
下嶋篤 61
ジャービス（Jarvis, P.） 112

ジョーンズ（Jones, T.） 8
ジョンソン（Johnson, D. & Johnson, R.） 88, 91
杉江修治 89
スザーランド（Sutherland, T.） 11
須長一幸 11, 98
スミス（Smith, K.） 89
セーリョ（Säljö, R.） 106
関田一彦 89-90, 95-96, 119
ソマヴィル（Somerville, M.） 139

【た】

タグ（Tagg, J.） 25, 34-35
田口真奈 110-111, 114
田島充士 52, 63
タング（Tang, C.） 107
チッカリング（Chickering, A.） 10, 26-27, 45
チャーニー（Cherney, J.） 151-152
チャン（Chan, L.） 87
中央教育審議会 15, 21-23, 42, 53, 97, 119, 126, 134, 145, 155, 157
デール（Dale, E.） 150
デューイ（Dewey, J.） 63, 92
寺﨑昌男 32, 38

【な】

ノヴァック（Novak, J.） 111-112

【は】

バー（Barr, R.） 25, 34-35
バークレイ（Barkley, E） 67, 90
ハーラン（Harlan, S.） 139
パニッツ（Panitz, T.） 91, 94-95
林一雅 134, 136
ハンド（Hand, L.） 116
日向野幹也 130

ビッグス（Biggs, J.）	107, 109	松下佳代	65, 101, 110-111, 114
ヒル（Hill, W.）	82	マルトン（Marton, F.）	106, 111
フィンク（Fink, D.）	15, 17-23, 44, 70, 122	ミシュラ（Mishra, S.）	58
藤田節子	58	ミッチェル（Mitchell, S.）	85
ブラッフェ（Bruffee, K.）	92-93	メイヤーズ（Meyers, C.）	8
ヘイ（Hay, D.）	111-112, 114	文部科学省	51

【や】

ベイン（Bain, K.）	34
ポラニー（Polany, M.）	63
ボンウェル（Bonwell, C.）	7, 11-12, 15-19, 21-22, 88

安永悟	82, 89-90, 94
山本富美子	150
吉見俊哉	56

【ま】

【ら】

マクタイ（McTighe, J.）	84, 120, 122	ロビンソン（Robinson, M.）	152
マクマラン（McMullen, S.）	138-139		

【英字】

マクレイシュ（McLeish, J.）	150	OECD	47-48, 51, 53, 62
マズール（Mazur, E.）	73-78, 114, 117		
松尾睦	63		

著者紹介

溝上慎一（みぞかみ　しんいち）
学校法人桐蔭学園理事長代理　桐蔭学園トランジションセンター所長・教授、京都大学博士（教育学）。日本青年心理学会常任理事、大学教育学会理事、『青年心理学研究』編集委員、"Journal of Adolescence" Editorial Board委員、公益財団法人電通育英会大学生調査アドバイザー、学校法人河合塾教育イノベーション本部研究顧問、中央教育審議会臨時委員、大学の外部評価・AP委員、高等学校のSGH/SSH指導委員ほか。専門は、心理学（現代青年期、自己・アイデンティティ形成、自己の分権化）と教育学（生徒学生の学びと成長、アクティブラーニング、学校から仕事・社会へのトランジション、キャリア教育等）。主な著書に、『自己形成の心理学―他者の森をかけ抜けて自己になる―』（2008 世界思想社、単著）、『現代青年期の心理学―適応から自己形成の時代へ―』（2010 有斐閣選書、単著）、『自己の心理学を学ぶ人のために』（2012 世界思想社、共編）、『アクティブラーニングと教授学習パラダイムの転換』（2014 東信堂、単著）、『高校・大学から仕事へのトランジション』（2014 ナカニシヤ出版、共編）、『アクティブラーニング・シリーズ』全7巻監修（2016〜2017 東信堂）、『アクティブラーニング型授業の基本形と生徒の身体性』（2018 東信堂、単著）、『高大接続の本質―「学校と社会をつなぐ調査」から見えてきた課題―』（2018 学事出版、責任編集）、『大学生白書2018―今の大学教育では学生を変えられない―』（2018 東信堂、単著）、『学習とパーソナリティ』（2018 東信堂、単著）等多数。

アクティブラーニングと教授学習パラダイムの転換

2014年9月30日	初　版第1刷発行		〔検印省略〕
2018年11月1日	初　版第9刷発行	定価はカバーに表示してあります。	

印刷・製本／中央精版印刷株式会社
組版／フレックスアート

著者 ⓒ溝上慎一　　発行者　下田勝司

東京都文京区向丘1-20-6　　郵便振替 00110-6-37828
〒113-0023　TEL (03)3818-5521　FAX (03)3818-5514

発行所　株式会社 東信堂

Published by TOSHINDO PUBLISHING CO., LTD.
1-20-6, Mukougaoka, Bunkyo-ku, Tokyo, 113-0023, Japan
E-mail: tk203444@fsinet.or.jp　http://www.toshindo-pub.com

ISBN978-4-7989-1246-2 C3037　Copyright ⓒ Shinichi, MIZOKAMI

東信堂

溝上慎一 監修 アクティブラーニング・シリーズ（全7巻）

① アクティブラーニングの技法・授業デザイン　水野正朗編　一六〇〇円
② アクティブラーニングとしてのPBLと探究的な学習　鈴木勝行編　一八〇〇円
③ アクティブラーニングの評価　松下佳代編　一六〇〇円
④ 高等学校におけるアクティブラーニング：理論編　溝上慎一編　一六〇〇円
⑤ 高等学校におけるアクティブラーニング：事例編　溝上慎一編　二〇〇〇円
⑥ アクティブラーニングをどう始めるか　成田秀夫　一六〇〇円
⑦ 失敗事例から学ぶ大学でのアクティブラーニング　亀倉正彦　一六〇〇円

アクティブラーニングと教授学習パラダイムの転換　溝上慎一　二四〇〇円

大学生の学習ダイナミクス
―授業内外のラーニング・ブリッジング　河井亨　四五〇〇円

「学び」の質を保証するアクティブラーニング
―3年間の全国大学調査から　河合塾編著　二〇〇〇円

「深い学び」につながるアクティブラーニング
―全国大学の学科調査報告とカリキュラム設計の課題　河合塾編著　二八〇〇円

アクティブラーニングでなぜ学生が成長するのか
―経済系・工学系の全国大学調査からみえてきたこと　河合塾編著　二八〇〇円

初年次教育でなぜ学生が成長するのか
―全国大学調査からみえてきたこと　河合塾編著　二八〇〇円

主体的な学び　創刊号　主体的学び研究所編　一八〇〇円
主体的な学び　2号　主体的学び研究所編　一六〇〇円
主体的な学び　3号　主体的学び研究所編　一六〇〇円
主体的な学び　4号　主体的学び研究所編　二〇〇〇円

「主体的学び」につなげる評価と学習方法
―カナダで実践されるICEモデル　S.ヤング&R.ウィルソン著　土持ゲーリー法一 訳　二〇〇〇円

ポートフォリオが日本の大学を変える
―ティーチング/ラーニング/アカデミック・ポートフォリオの活用　土持ゲーリー法一　二五〇〇円

ティーチング・ポートフォリオ―授業改善の秘訣　土持ゲーリー法一　二〇〇〇円

ラーニング・ポートフォリオ―学習改善の秘訣　土持ゲーリー法一　二五〇〇円

〒113-0023　東京都文京区向丘1-20-6　TEL 03-3818-5521　FAX 03-3818-5514　振替 00110-6-37828
Email tk203444@fsinet.or.jp　URL:http://www.toshindo-pub.com/

※定価：表示価格（本体）＋税